精读华为系列

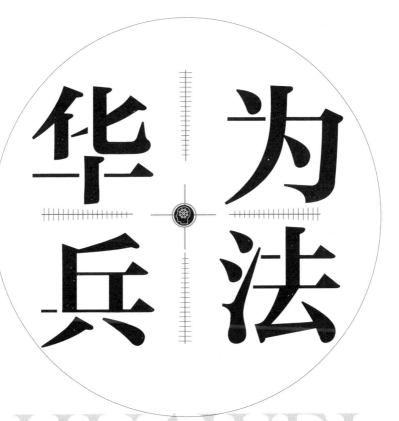

华为战役的 26 个决策

考拉看看 著

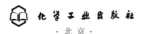

·北京·

内容简介

华为是什么？为什么是华为？华为最值得学习的精髓是什么？"精读华为"系列三部作品将帮助读者在纷繁复杂的信息海洋里拨开迷雾，快速精准地解读华为。

本书从战略、决策、组织、人才四大维度，选择聚焦、动态、前瞻、变革、制度、激活6个关键词，并具体以26个案例剖析华为在三十多年发展中，如何屡战屡胜，从小作坊成长为大企业。本书不仅展现了华为在战略和管理上的特色打法和成果，也阐明了原因。通过阅读本书，读者可以了解华为的经典"战斗"案例，从而更好地经营企业。

图书在版编目（CIP）数据

华为兵法：华为战役的26个决策/考拉看看著．—北京：化学工业出版社，2022.9
（"精读华为"系列）
ISBN 978-7-122-41599-8

Ⅰ.①华… Ⅱ.①考… Ⅲ.①通信企业-企业管理-经验-深圳 Ⅳ.①F632.765.3

中国版本图书馆CIP数据核字（2022）第095280号

责任编辑：万忻欣　　　　　　　　　　装帧设计：王晓宇
责任校对：赵懿桐

出版发行：化学工业出版社（北京市东城区青年湖南街13号　邮政编码100011）
印　　装：三河市航远印刷有限公司
880mm×1230mm　1/32　印张6$\frac{1}{4}$　字数127千字　2023年10月北京第1版第1次印刷

购书咨询：010-64518888　　　　　　　售后服务：010-64518899
网　　址：http://www.cip.com.cn
凡购买本书，如有缺损质量问题，本社销售中心负责调换。

定　　价：58.00元　　　　　　　　　　　　　　版权所有　违者必究

HUAWEI

前言
PREFACE

1987年,任正非和几位志同道合的朋友,拿着东拼西凑出来的2万元,在深圳南油工业区里的一栋破旧大楼里,成立了一家名为"华为"的科技公司。三十多年沧海桑田,如今华为已成为业务遍布全球、坐拥20万优秀人才、正在向万亿年营收额迈进的商业巨兽。

华为能实现这种滚雪球式的发展,其中非常重要的原因是任正非从纷繁芜杂的管理表象中,牢牢地把握住了管理的本质,从而使华为在每一个发展的关键时刻,都能做出符合企业自身特点的战略决策,确保了华为在大方向上不失误。

从交换机的研发到5G技术的布局,从《华为基本法》到《EMT自律宣言》,从电子通信到智能芯片,必须承认,华为的成功,与其创始人任正非有着密不可分的关系。14年的军旅生涯造就了他独有的军人气质：做事追求效率，强调内部团结，以明确的制度规范成员行为……他把自己在部队里学到的法则，淋漓尽致地应用到了华为的企业文化建设、战略布局以及组织管理之上。不论是采用"红蓝两军"的模拟对抗模式以及具有高度危机感的军事思维，还是遇到困境时灵活采取的"农村包围城市"战略思想，都使得华为更添几分兵家色彩，内部组织也更像一支时刻能打仗、打就打胜仗的"华为军队"。

也正是这股"兵气"的存在，让本书在命名时放弃了诸如"华为战略""华为管理"等常见的企业研究标题，而最终选择了"华为兵法"这样更显"运筹帷幄于千里""策略施诈于千军"的标题。

"算无遗策"是谋兵布局的最高境界，但纵使料事如神的诸葛孔明也对此望尘莫及。正如现代管理学之父——彼得·德鲁克所言："没有尽善尽美的战略决策。人们总要付出代价。对相互矛盾的目标、相互矛盾的观点及相互矛盾的重点，人们总要进行平衡。最佳的战略决策只能是近似合理的，而且总是带有风险的。"华为也是如此。除了令人啧啧称奇的果断抉择，华为也曾陷入失误频出的经营怪圈：JK1000交换机的暴毙，3G技术的错误预计……

本书聚焦华为ICT主航道，围绕其在20世纪末、21世纪初所面对的市场危机，对其随后采取的一系列战略变革进行展开介绍，为读者细数了三十多年来华为走过的26个重要节点，沿着详细的发展脉络对华为的关键动态一一解析，力求透过其成功表面，挖掘出其中的内核，为其他正在从事或想要从事企业经营的个人及组织，提供借鉴与参考。

考拉看看

HUAWEI

目录
CONTENTS

001　第一章　第一节　决策1:"倒卖"交换机活下去　/ 002
　　　聚焦　　第二节　决策2:倾尽全力自主研发　　　/ 005
　　　　　　　　　　　从组装开始　　　　　　　　　/ 006
　　　　　　　　　　　HJD48大获全胜　　　　　　　 / 009
　　　　　　　　　　　背水一战研发芯片　　　　　　/ 010
　　　　　　　第三节　决策3:不做与主业无关的事　　/ 011
　　　　　　　　　　　两拒诱惑　　　　　　　　　　/ 012
　　　　　　　　　　　保"大"卖"小"　　　　　　　 / 016

021　第二章　第一节　决策4:农村包围城市　　　　　/ 022
　　　动态　　　　　　农村市场贡献一半营收　　　　/ 023
　　　　　　　　　　　拿下邳州　　　　　　　　　　/ 025
　　　　　　　　　　　外企"败走"中国　　　　　　 / 027
　　　　　　　第二节　决策5:行业持久战　　　　　　/ 029

	第三节	决策6：寒冬下进军海外	/ 032
		俄罗斯	/ 033
		非洲	/ 033
		欧洲	/ 035
	第四节	决策7：终端战略转型	/ 037
		进入终端	/ 038
		告别贴牌机	/ 040
		转型难题	/ 041
		登上山顶	/ 044

047　第三章　前瞻

	第一节	决策8：重新定义创新	/ 048
		转理念：不盲目自主创新	/ 049
		转方法："乐高积木"式研发	/ 052
	第二节	决策9：改变落后，超前布局	/ 055
		交换机的失误预判	/ 055
		3G、4G的奋力追赶	/ 058
		提前10年的5G规划	/ 060
		力争上游，布局6G	/ 063
	第三节	决策10：全球五朵云之一	/ 064
	第四节	决策11：着眼芯片，掌握	
		未来硬实力	/ 067
		"备胎"一夜转正	/ 068
		三十年的布局	/ 069
		长路漫漫中国芯	/ 072

第五节　决策12：共建生态，打造软件
　　　　根实力　　　　　　　　　　　/ 073
　　　　万物互联的鸿蒙生态　　　　　/ 074
　　　　软件温床的鲲鹏生态　　　　　/ 076

079　第四章　第一节　危机感驱动前行　　　　　/ 080
　　　变革　　第二节　决策13：企业立法　　　　/ 084
　　　　　　　　　　萌芽：从核心价值观探索到
　　　　　　　　　　　鞍钢宪法　　　　　　　　/ 084
　　　　　　　　　　"人大六君子"临危受命　　 / 088
　　　　　　　　　　《华为基本法》内涵　　　　/ 091
　　　　　　　　　　华为的"时钟"　　　　　　 / 095
　　　　　　第三节　决策14：IPD管理变革　　　/ 097
　　　　　　　　　　变革势在必行　　　　　　　/ 097
　　　　　　　　　　IBM助力华为　　　　　　　 / 099
　　　　　　　　　　先僵化，后优化，再固化　　/ 102
　　　　　　　　　　让研发有章可循　　　　　　/ 103
　　　　　　第四节　决策15：组织系统持续变革　/ 107
　　　　　　　　　　1987—1995年："直线式"管理 / 108
　　　　　　　　　　1995—2010年："内孵外请"
　　　　　　　　　　　双管齐下的全面改革　　　/ 109
　　　　　　　　　　2010年以来："动态矩阵式"
　　　　　　　　　　　变化　　　　　　　　　　/ 112

117	**第五章**	第一节	决策16：因时而变的用人标准	/ 118
	制度		人职匹配，"一个萝卜一个坑"	/ 118
			多变萝卜，"干一行爱一行"	/ 120
		第二节	决策17：全员导师制	/ 122
		第三节	决策18：奖惩要到点子上	/ 126
			激励制度	/ 126
			惩罚措施	/ 129
		第四节	决策19：不合格的请离开	/ 131
			新人只有两次机会	/ 132
			最后一名请离开	/ 134
			《EMT自律宣言》	/ 137
		第五节	决策20：员工持股计划	/ 141
		第六节	决策21：红军蓝军打对抗	/ 144
		第七节	决策22："接班人"有轮班	/ 148

153	**第六章**	第一节	决策23："押注"研发人才	/ 154
	激活		启用郑宝用	/ 155
			"抢占"天才少年	/ 157
		第二节	决策24：集体大辞职	/ 161
			全员辞职事件	/ 161
			人才要能上能下	/ 165
		第三节	决策25："将军"要带头打仗	/ 168
			"将军"选拔标准	/ 168

　　　　　让有能力的人去轮岗　　　　/ 170
　　　　　华为的干部一定也只会来自
　　　　　　基层　　　　　　　　　　/ 173
　　　　　干部要到艰苦的地方去　　　/ 176
　　第四节　决策26：会研发也要会经商　/ 178
　　　　　研发以卖掉产品为目标　　　/ 179
　　　　　凡是产品的事，就是研发的事　/ 181
　　　　　研发的成本思维　　　　　　/ 184

187　　后记

华为兵法：
华为战役的
26个决策

HUAWEI

第一章

聚 焦

有所为而有所不为，是一家企业走向成熟的开始。

随着社会经济的高速发展以及科学技术的日益精进，市场上开始涌现出越来越多的机遇，通往成功的道路逐渐被开放。有的企业以此为跳板，实现弯道超车；有的企业沉迷其中，深陷发展桎梏。

的确，时代给予了企业无限发展的可能性，但以有限的精力很难实现所有领域的制霸。因此，在华为成长的三十多年间，虽然开发过许多产品和技术，但依然可以看出，华为始终聚焦于电子信息领域，始终围绕一个核心技术和核心产品。

聚焦，是华为能步入世界信息与通信技术产业领先企业行列的重要原因之一。

第一节

决策1："倒卖"交换机活下去

1982年，任正非从部队转业，随着妻子南下，来到深圳。随后，任正非进入了南海石油集团的后勤部。任正非从小勤奋好学，踏实肯干，这种习惯也保留到了工作之中，两年后

华为兵法：
华为战役的26个决策

就被提拔为南海石油集团下属一家电子公司的经理。

改革开放之初,全中国的目光都聚焦在深圳这座小渔村,渴望捞到第一桶金。1987年,为人忠信、待人诚恳的任正非被骗走两百万。造成两百万的损失,无论如何也无法在公司继续干下去,任正非很快便背负着两百万的欠款,离开了南海石油集团。他的妻子也在此时选择了离婚。

年过不惑的任正非,在短时间内连受打击。但他没有时间悲伤感慨,当务之急是找到一条赚钱的道路,在这座正在经历巨变的小渔村中活下去!

20世纪80年代,全中国掀起了"下海"淘金的浪潮。想要改变命运,又身处"下海"中心的任正非最终选择孤注一掷,加入创业的浪潮。

创业首先要解决资金问题,背负债务的任正非显然不具备这样的资本,但经过一番努力,他找了五个好友和他一同创业。几个人东拼西凑,凑足了二十多万元,在1987年9月,以"民间科技企业"的身份,华为技术有限公司诞生。

之所以起名"华为",是因为任正非在办公室墙上看到一句话:"心系中华,有所作为"。他以此为灵感,定下了公司的名字。后来任正非在采访中谈到:"我们曾经觉得'华为'这个名字不好,因为是闭口音,想改掉名字。但是我们拿到营业执照以后就改不了了,因为一分钱都没有了。"这名字一用就是三十多年,承载了太多的往事和回忆。

华为在注册后,就花光了几个人所有的钱。为了省钱,他们把办公室租在南油新村的一栋破败的楼房中。说是楼房,

第 一 章

聚 焦

其实是由废弃仓库改造,中间堆砌一些砖头形成的许多小隔间,而华为办公室就占了其中两间。

刚刚开始改革开放的中国,对所有产品都有极大的需求,深圳成为货物的一大集散中心。深圳凭借地区、政策的优势,可以通过香港进口外国产品,再出售到内地,从中赚取差价,这是当时最常见的商业模式,华为也是如此。虽然取名"华为技术有限公司",但当时公司的运营和"技术"二字没有太大关系。外界把这样的企业称作小型贸易公司,或直白地说是倒买倒卖的二手贩子。

华为确实是凭"草台班子"起家的。但另一方面,其务实的精神和作风从那时起就有了体现。创业之初的任正非和他的合伙人想法很简单,什么赚钱做什么,他们的目标就是能活下去。据华为创始人之一的刘平先生描述:"公司虽然名为技术公司,但开始做的都是贸易的生意。也没什么方向,什么赚钱做什么,还卖过减肥产品。"

早期毫无方向、随市场变动而改变的经营策略,终于在1988年的某一天,发生了改变。

那天任正非参加老战友的酒宴,在宴席上得知自己当时的一个熟人正担任辽宁省农村电话管理处处长。得知是战友兄弟,对方便主动介绍任正非去做电话交换机生意。当时中国的通信市场尚处于萌芽阶段,十亿人的巨大市场,不到1%电话普及率,增长空间巨大。任正非思考之后,马上拍板,进军通信电话交换机产业。在辽宁省农村电话管理处处长的引荐下,华为成了生产用户交换机HAX的香港鸿年公司的销

华 为 兵 法:
华 为 战 役 的 2 6 个 决 策

售代理。

交换机的销售代理成本,比减肥药等小商品高出很多,华为资金周转不过来,好在鸿年公司准许华为通过赊账的方式进口HAX交换机。任正非可以先拿货到内地去卖,赚了钱再回来把缺口补上。据计算,在华为代理HAX交换机的两年内,相当于鸿年公司断断续续给华为提供了一个亿的无息贷款。对于缺乏资金的华为来说,这无疑是一种巨大的帮助。

虽然没有摆脱"倒爷"的角色,但是在业务决策上,华为终于有了清晰的方向。供小于求的卖方市场让任正非在接下来的三四年间积累了百万资产,终于实现了自己初步的愿望,自己可以活下去了,公司也能活下去了。

第二节 决策2:倾尽全力自主研发

任正非依靠交换机生意,积累了支撑华为进一步发展的一笔重要资产,但这一商机很快被其他竞争者发现。自1988年起,和华为一样的交换机二手贩子如雨后春笋一般在深圳出现,仅仅半年,深圳市场中就多出近百家同行。而中国通信这片尚未被开垦的市场,也引来如爱立信、西门子、贝尔等跨国巨头垂涎。

华为要想在竞争中脱颖而出,一定要拿出自己的特色。但它一没技术,二没人才,就只有靠服务了。通信设备行业是一个突发状况非常多、后期维护时间长的行业,交换机设备经常出状况。但由于交换机不是自己生产的，如果客户在使用后出现任何问题，华为无法提供技术性的服务，也不能给予修理，这让华为显得十分被动。没有自己的产品，没有自己的技术，谈何服务？

此外，虽然做代理简单且利润高，但任正非清楚地认识到，倒买倒卖并不是一个长期稳定的业务。任何一个地区进出口政策的改变，都将影响整个供应链，而原厂生产过程中出现的错误，也都需要华为这个"中间人"来承担。最为致命的就是被供应商"掐着脖子"。华为能否准时拿到货物，能拿到多少货物，都是由供应商来确定的，为此需要对上家毕恭毕敬。据华为老员工回忆：当时每当有人在办公楼下喊"来货了"的时候，所有人都一片欢呼，全都冲到楼下，忙着从大卡车上卸货——"像过年似的……"有时睡到半夜，突然到货，大家立即从床上爬起来，一起卸货，卸完再睡。命运无法掌握在自己手里，又怎么能看清前方的道路？如任正非所说："中国当时正面临着社会转型，我们这种人在社会上，既不懂技术，又不懂商业交易，生存很困难，很边缘化。"

在这样的情形下，自主研发，势在必行。华为以"组装"为起点，途经"逆研发"，最终完成了第一台拥有独立知识产权的HJD48交换机的研发，并走上了芯片研发的道路。

从组装开始

缺乏技术、人才，华为想要自主研发，谈何容易。因此，华为选择从门槛较低的组装开始，迈出研发转型的第一步。他们购买设备散件自行组装，再加以华为自己的包装，最后在市场上销售。虽然只是从倒卖转向了组装，但相较于直接代理成品，这种组装机可以大大降低成本，同时也能自己掌控设备的用件，这在提升对客户的技术响应度和服务质量方面大有优势。于是第一款以华为品牌出品的交换机BH01就这样诞生了。

BH01小型交换机电话接口少，功能简单，销售群体很是受限，华为只能将它卖到医院、矿山和一些通话量不多的小型单位。不过由于国际电信巨头们对利润不大的单位用的小型交换机市场根本就不屑一顾，而华为生产的产品价格比国内其他厂家生产的交换机产品便宜很多，使得BH01小型交换机一经推出便出现了供不应求的局面。

自己掌控生产线之后，华为对市场有了更快的反应，同时还能把自己的产品交给其他公司代理，拿到一笔不菲的代理费。资金的快速回笼，让华为得以扩大自己的生产规模；规模增大订单也随之增多，反过来让现金流更加充裕。自此，一个良性循环就在华为生产链中诞生。

华为在不断发展壮大的同时，一个新的问题也随之出现：说到底不管是代理成品机还是自己的组装机，都依靠上家供应的产品，只不过供应商品的完成度不同罢了，距离自主研发还是有很长的路要走。随着BH01在市场上的需求逐渐扩大，上游散件供应商能提供给华为的产品已经远远落后于华为的产能。如果公司不能在短时间内实现自主控制生产，交付成品,那么之前在市场中建立起的口碑将深受影响,资金链也面临断裂的危险。华为不得不进行新一轮的研发。

1991年9月,华为决定集中全部资金和人力,开发华为品牌的用户交换机。华为这时的研发,实际上是一种"逆研发"。所谓逆研发,就是将BH01的电路和软件拆解,在知道其原理后批量仿制生产。从现在的眼光来看,这是一个简单的"山寨"过程,但是对于20世纪90年代的大多数企业来说,这却是研发的起步之路。

尽管只是简单的"山寨"过程,但由于华为实力有限,研发就不是一件简单的事。为了赶在客户订单到期之前拿出货物,每位员工都很拼命。几乎每个开发人员都有一张床垫,卷放在铁柜的底层、办公桌的下面。午休时,席地而卧;晚上加班,整夜不回宿舍,就这一张床垫,累了就拿出来睡。公司的"床垫文化"就是在这个时期培养起来的。

研发是一个无底洞,除了人力,还要投入大量的资金。而任正非为使研发正常运转,投入不计成本。到了1991年年底,眼看华为现金流离断裂只差一步之遥时,有三台设备成功通过测试,并交付给客户。交付之后资金迅速回笼,华为又一次活了过来。

为了延续之前的产品,华为将新产品命名为BH03。虽然对于消费者来说,BH03在产品功能上和BH01并无本质区别,可能只是机箱外壳处有明显的不同。但对于华为来说,BH03是华为整个团队几个月没日没夜工作的心血。1991年的最后一天,华为用一顿自助餐召开了成立以来的第一次庆功大会,来庆祝华为在通信市场中的第一次胜利。

华 为 兵 法:
华 为 战 役 的 2 6 个 决 策

HJD48大获全胜

随着BH03交换机的成功研发，华为终于在竞争激烈的市场中获得喘息的机会，公司也开始进入相对平稳的运营阶段。但随着国外通信巨头的大批涌入，华为也需要更强大的创新产品来应对竞争。如果只是在现有的产品上吃老本，迟早会被淘汰。因此，在研发BH03救场的同时，华为也在投入资本进行新产品研发。

BH03面世不久，全新的产品紧随其后被研发出来。新产品在技术上的突破完全超乎华为的想象。之前不管是BH01还是BH03，一块板上只能链接4个用户，而新产品直接翻倍，在一块板上链接了8个用户。这样一来，一台交换机六块板就能直接链接48个用户。同样的产品，同样的大小，新产品却能起到两倍的功效。按照原计划，新产品的名字要继续沿用华为之前的产品名字，起名BH03U。但它优异的设计对于华为来说是一个具有革新意义的产品，于是公司把它纳入一个全新的系列，起名HJD48。

全新的技术、过硬的质量，再加上完善的售后服务体系，使得HJD48一经面世，便广受市场好评。华为乘胜追击，在郭平、郑宝用二人的带领下，研发组一鼓作气，接连开发出100门、200门、400门、500门等系列化的用户交换机。其中HJD500门的用户机，采用了光电电路和高集成器件，一台机器可以链接500个用户，被邮电部评为国产同类产品质量可靠用户机。

  1992年，HJD系列交换机给华为带来年总产值超过1亿元、总利税超过1000万元的销售业绩。此时的华为早已不是漂泊在通信市场的一艘小帆，而是一艘能在风浪中傲然前行的邮轮，它的动力，来自持续不断的自主研发。

背水一战研发芯片

  除了不断更新交换机的接入能力，为真正掌握生产交换机的根本武器，华为还将研发的着眼点放在了芯片上。实际上，早在1991年，决定研发之初，华为就成立了集成电路研究中心，专注于交换机中核心芯片的研发。

  但芯片研发环境并不乐观，芯片技术人才的缺乏，使这一计划一度停滞。好在任正非从亿利达挖来了硬件工程师徐文伟。他的到来为华为的芯片研发起到了很大的助力作用。在徐文伟的主持下，华为很快便完成了芯片前端的逻辑设计。拿着芯片设计图，徐文伟找到了一家具有电子设计自动化软件工具（简称EDA）能力的香港公司，在该公司的帮助下完成了后端物理设计，让原本构想中的交换机芯片成为现实。最终，华为成功研发出ASIC芯片，并取名为"SD502"。

  1993年，由于市场判断失误，华为陷入破产危机，急需一款新产品来力挽狂澜。研发离不开经费，任正非在多处筹钱无果后，将视线放在"高利贷"上，最终东拼西凑十几万美元。他将这些钱全都投入芯片研发之中，购置了EDA的设计软件，加强自身芯片设计能力。

对于这个背水一战的做法，任正非直言："如果这次研发失败了，我只有从楼上跳下去。"幸好几个月后，华为完全自主研发的第一个ASIC芯片——SD509问世。这之后，SD509被运用到了C&C08万门交换机上，在市场上得到了一致好评。

华为也凭借这一技术扭转败势，取得了很好的销售成绩。相关资料显示，C&C08万门交换机在发售当年的销售额高达8亿元，实现过去销售额的最高纪录。到2003年时，这一产品以累计销售额达千亿元的成绩，成为全球销售量最大的交换机产品之一。华为在坚持一次次的技术研发中，置之死地而后生，不仅活了下来，而且越活越好。

多年以后，任正非再回忆起一段段研发攻关的往事时，仍不禁感慨道："企业能否活下去，取决于自己，而不是别人；活不下去，也不是因为别人不让活，而是自己没法活。活下去，不是苟且偷生，不是简单地活下去。活下去并非容易之事，要始终健康地活下去更难。"

第三节 决策3：不做与主业无关的事

"战略"二字，义如其词，不论是用兵打仗，还是企业长期发展，一定要有"略"，才会有聚焦，才会有竞争力，才能取胜。华为在改革开放初期的创业浪潮中的确有很多机会可供选择，房地产、合资公司都能为其带来巨大利益。但只有有所不为，才能有所为，华为顶住了诱惑，将目光放在了主航道上。

两拒诱惑

在华为内部，总能听见一个专有名词：主航道。究竟什么是主航道？轮值CEO徐直军解释道："若用'水系'来描述我们的管道战略，水流过的地方，就是指信息流过的地方，就是我们的主航道。具体来讲就是我们的数据中心解决方案、移动宽带、固定宽带、骨干网，以及我们的智能终端、家庭终端和物联网的通信模块，这些领域就是我们聚焦的'主航道'，其他领域都不属于我们的'主航道'。"

简而言之，华为的主航道就是主业务。华为在发展过程中，为了坚持主航道、深耕主业务，拒绝了很多诱惑。其中有几个经典案例，例如1992年的房地产热和股市狂潮。

1992年，邓小平南巡并发表重要讲话，经济改革升温。随后，中国共产党第十四次全国代表大会确立了我国正式进入社会主义市场经济体制时代。自此，市场自负盈亏，企业自由度增加。这一时期，全国经济进入恢复性的高速增长时期。

同年11月，为了建立完善的房地产市场体系，国务院发布文件《国务院关于发展房地产业若干问题的通知》。一系列鼓励政策的出台，使得房地产市场极度活跃。不少地方上的房地产投资以超过过往50%的速度快速增长。其中海南房地产投资格外火热，1992年，它以211%的暴涨速率位于全国首位。

火爆的投资、急剧的扩张，使得经济开始"发高烧"。根据当时的消息显示，1988年时，海南房价平均约为每平方米1350元，但1992年已迅速飙升到每平方米5000元。值得一提的是，1992年的5000元，若是放到现在，接近5万元。因此，大家纷纷在当地投资建企。

据当时不完全统计，截止到1992年年底，全国已有超过12000家的房地产开发公司，而在1991年年底，这一数字仅为其三分之一。

房地产开发过热直接导致行业高速发展。通过炒卖地皮、房产，许多创业者成为百万乃至千万富翁。但我国在1992年的全国平均年度工资为2771元，那时一个职工月薪最多也只有两三百块，可见房地产暴热程度。

同一时间，华为新产品JK1000的销量远不如预期，创始人任正非为此很是苦恼。在这样的情况下，就有人建议他投资房地产，即使不在该领域发展，也能赚上一笔。因为当时有不少企业都纷纷转向投资房地产，想要获取更大利益。

以万科为例，它本在1991年以进口贸易为主要业务，但上市后，开始将大量资金注入房地产市场，并在2001年，成长为完全专一的房地产公司。

除此之外，轰动一时的"万通六君子"也成长在此阶段。冯仑、王功权、刘军、王启富、易小迪、潘石屹六人紧追炒房

第一章
聚 焦

热的风潮，在海南成立了万通地产。不到半年，他们就通过在海口、三亚等地的炒房炒地中获利，购置房子并有了积蓄。

在房地产被炒得如火如荼时，任正非拒绝了进入房地产领域的机会，他想要专注于技术研发，在他看来，隔行如隔山，房地产不在他的涉及领域。

那一年，与海南的房地产暴利一样，深圳也正在迎来自己的致富之路——炒股。1992年的深圳股市，通俗来讲，就是前所未有的超级牛市。一个月收入几百元的普通职工可以在几天之内就净赚几万元。因此，当时股市的证券交易所中经常人山人海，其中不只有本地人，还有来自全国各地的股民。在股市中，许多抢占先机的普通人，摇身变成富人。

地产和股市两个造富神话，让全国人民为之疯狂。重利诱惑之下，不少企业家投身其中。但身处深圳的任正非却没有被冲昏头脑，一方面，如他自己所说，一开始上了电信设备这条"贼船"，想下去都不行。另一方面，他清醒地认识到，房地产大热、股市大炒之后必然会有严冬到来。因此，华为没有眼红房地产和金融业的暴利，没有随波逐流赚快钱，而是用一种"他强由他强，清风拂山岗；他横由他横，明月照大江"的定力，专注于自己的主营业务。

事实证明，任正非的判断极其准确。房地产的超速发展在很短时间内形成了严重的泡沫经济，大量房屋建好空置，开发商无钱支付尾款导致留下多栋烂尾楼。

海南岛地产商受创严重，截至1998年年底造成了23788.5公顷的闲置建设用地和800亿元积压资金。房地产繁荣过后

华 为 兵 法：
华 为 战 役 的 2 6 个 决 策

呈现出一地鸡毛的窘迫状态，而深圳股市也没能独善其身。

在我国股市尚处初级摸索阶段时，为了控制购买人数，深圳推出了"新股认购抽签表"。股民可以通过购买抽签表，来获得申请购买新股的资格。

1992年8月6日，深圳提前宣布要发行5亿新股。这次发行被众多股民视为致富途径。于是，在10日发行当天，全国有120多万人汇聚在深圳，抢购500万张的新股认购抽签表。

但因为发签期间工作人员营私舞弊，从中大量帮人购置，很多日夜排队的股民连抽签表都没见到。气愤之下，股民做出了一系列不理智的行为。后来在政府的积极协调下，决定在原定计划发行500万张抽签表的情况下，再增发500万张。

虽然事件得到解决，但造成了恶劣的影响，所以这次事件也被称为"8·10"事件，即中国证券史上著名的"8·10"股灾。

先前投资在房地产而获益的公司纷纷面临困境，万科由于业务繁杂不得已重新确立城市居民住宅为其主导业务，从而在泡沫破裂前成功脱险。而"万通六君子"也在这时分道扬镳，各自发展。

热潮引发的危机让任正非对聚焦主业更加坚定，始终以主航道为发展路线，从未背离原来的航向。绝不偏离主航道，对一个企业家来说很难。第一，企业发展需要扩张；第二，外界诱惑太多，很难拒绝。

有一个成语：管中窥豹。一管之力不可小瞧，窥斑可知全豹。很多时候，摊子铺得太大，未必是好事。这就像任正

第一章

聚焦

非曾说的："世界上每个东西都有正态分布，我们只做正态分布中间那一段，别的不做了。我们就坚持在ICT这个主航道、主潮流上走，有流量就有胜利的机会。"

在这样的决策之下，华为一路走来，有所为而有所不为，始终踏实做自己擅长的事情，从不在非战略机会点上消耗力量，由此奠定了坚实的竞争基础。

保"大"卖"小"

华为对于产业的排兵布局，有清晰的思路和方向。华为以通信设备起家，也一直以通信设备为主。一切业务扩展，都是以主营业务为中心，就算是开设分公司，主要任务也不是赢利，而是为母公司保驾护航，此为华为定力。成立于1993年的莫贝克合资公司，即是如此。

1993年，华为发展遇到资金瓶颈，JK1000销售遭遇坎坷，雄心勃勃的C&C08万门交换机的研发又大把烧钱，财务状况捉襟见肘。眼看资金链岌岌可危，华为不得不向外界求助。

20世纪90年代初期，中外合资企业盛行。国外企业和中国地方邮电系统合作，设备、技术由外方企业提供，资金、场地由地方邮电系统提供。就这样，国际通信巨头通过先进的技术，快速进入中国市场。上海贝尔就是中国通信领域第一家中外合资企业，是国内程控交换机的首位供应商。除了上海贝尔以外，通信市场还有AT&T与青岛邮电系统合资成立的青岛朗讯，以及北电网络与广州邮电系统合资成立的广东北电。

既然国外通信企业可以通过技术换市场，那么华为作为中国本土的科技企业，为什么不能用同样的方法，来打造一个合资企业呢？任正非想到这一点后，立马与深圳市邮电系统取得联系，表明自己的想法。由于华为是当时中国自主研发的代表，深受深圳市政府重视，因此，二者之间的合作关系很快便被确立了下来。不仅如此，在深圳市政府的引荐之下，广东省政府也十分支持任正非的提议，就这样，华为在珠三角拥有了其合资单位。

但任正非还有更大的计划。他提出，全国各地邮电系统共同建立一家合资公司，通过各地邮电职工集资，共享收益。为此还提出合资公司"三个分开、两个面向"的目标，即实现科研、生产、销售分开，科研面向美国先进技术，生产面向工艺装备品质管理。简单点说，就是各地方邮电局拿钱投资华为，让其研发出更新、更好的设备，然后为自己所用。同时作为股东，各地方邮电局还可根据股份比例获得股息。

这一想法既符合当时国家倡导的市场化改革、现代企业制度改革的方向，又基本符合我国制度和法律的大框架，为各地邮电系统改革提供了方向。再加上广东省和深圳市政府的极力推荐，17家省市级邮电系统纷纷入局，和华为一起成立了莫贝克合资公司。

莫贝克一成立，17家邮电系统便为华为筹得了高达8881万元的融资基金，为华为解决了资金短缺的燃眉之急。此外，从长远来看，莫贝克还拉近与客户的关系，和客户结成稳固的利益共同体。

所以任正非对于成立莫贝克公司给予了这样的评价："合资公司成立后，各地电信局和华为公司从以前的买卖关系，变成了利益共同体的关系，以企业经营方式代替了办事处直销方式，并利用排他性，阻止竞争对手进入，以长远市场目标代替了近期目标。"

合资公司的市场优势很快得到体现。1994年，C&C08万门交换机正在全国扩张。基于莫贝克的合作关系，各地乡、县邮电局的工作人员，在推荐C&C08交换机时更加积极。

华为迎来了高速发展期，每年的销售额成倍增长。1994年销售额达到8亿元，差不多是上一年的两倍；1995年销售额增至15亿元；到1996年更是有26亿元之多。

不仅如此，自1994年起，华为积极与四川、山东、河北等地邮电系统对接，相继在全国各地成立了27家合资公司，这些合资公司总计为华为提供了高达5.4亿元的融资基金，极大地缓解了华为在高速发展期资金匮乏的问题。

莫贝克合资公司为华为带来了强劲的推力，但是代价也十分巨大。每年，华为都要给投资者33%的回报，负担极重。但由于莫贝克并不负责华为的主营业务，只是做华为的配套服务，包括一些包装箱、电缆和连接线之类的零活，所以一直是华为的寄生企业。每年给股东的分红，还要靠华为拨款。

为了给莫贝克注入新的活力，1995年3月，华为董事会决定将华为电源事业部并入莫贝克，并以设备电源为主要业务单独运营。1996年，莫贝克公司从华为主体公司中独立出来，改名为华为电气。

但是华为电气的独立门户不逢其时。1998年，邮政和电信两大系统被拆分。1999年到2000年，电信系统又被分为电信和移动两个板块。另外，各省市电信局人心不齐，合资企业归属权难以确定，合资企业的战略作用大大减小。

2000年，华为电气和华为技术分别出资90%和10%，成立安圣电气，合资公司的名字再次变更。

2001年年初，IT行业经济出现危机，华为又在3G技术上对于国内市场出现错误预估，导致整年营收未达到预期，华为陷入寒冬。为了拯救华为，任正非决定把主要精力、资源从非核心业务抽出来。

弃卒保车，安圣电气首当其冲。当年莫贝克成立时，便是出于融资这一战略意义。对于华为而言，莫贝克也一直起辅助作用，本身具有一定的"边缘性"。后来华为电气、安圣电气的出现，也更多是配合上的，而非主营业务拓展及赢利。

所以2001年10月，华为将安圣电气以7.5亿美元出售给美国老牌的公司艾默生电气。

从莫贝克，到华为电气，再到安圣电气，合资公司完成了一救华为到再救华为的历史使命。每一个企业的资源都是

第 一 章
聚 焦

有限的，把最强的兵用到最核心、最主要的战略方向上，聚焦攻击，取得单点突破后，才能在整个市场上活下来。

保"大"卖"小"，正是出于顾全大局的战略考虑。因为始终坚持主业、聚焦主航道，华为在ICT领域形成了无可比拟的技术优势。

华为兵法：
华为战役的26个决策

华为兵法:
华为战役的
26个决策

HUAWEI

第二章

动 态

明者因时而变，知者随事而制。企业的发展从不一成不变，任何清晰方向都诞生于混沌之中，又随时间与空间的变化而再次模糊。

过去三十年，整个行业的商业生态发生了天翻地覆的变化，我们经历了语音时代，迈过了宽带时代，身处在信息时代，这些技术变革所造成的结果是难以想象的。华为自然也不是以一种战略贯穿始终，结合实际情况，动态地做出时代背景下最好的选择。

第一节 决策4：农村包围城市

1993年C&C08局用交换机问世，代表华为的产品正式从小型交换机升级为局用数字程控设备。这一转变意味着，华为的客户群体从小型组织变成大型电信运营商，竞争对手从小作坊、小企业变成以跨国公司为主的大制造商。

当时，中国通信市场呈现"七国八制"的格局，即来自七个国家的八家企业主导着国内市场。它们分别是日本的

NEC和富士通、美国的朗讯、瑞典的爱立信、德国的西门子、加拿大的北电、比利时的BTM公司和法国的阿尔卡特。每一家企业都有比华为早数十年的悠久历史，并且其中有的企业业务遍布全球。它们在中国市场的竞争激烈，据说，当时在北京就能找到上述所有公司的产品。

任正非认为，华为若想继续发展，就必须进军局用交换机，突破"七国八制"的封锁，从大企业手中夺取市场。当时，恰逢国家提出"村村通"工程——一个想要启动村村通电话的项目。但已在城市里大展拳脚的各大设备商，看不上农村的市场。经过战局分析，华为决定走农村包围城市的道路，从国内乡、镇、县入手发展农村市场，以此为根据地，再来与大企业争夺城市市场。

农村市场贡献一半营收

华为带着C&C08局用交换机，向农村市场进发。首先就是将销售人员派往各地的乡、镇、县，每天去当地的邮电局或电信局报到，帮助解决一些技术上的问题，借机推销C&C08局用交换机。华为前副总裁张建国，那时被派往福建农村做销售。他每天开着一辆三菱吉普车，奔波于乡、县之间，和当地村民打交道。这一去便是三年。当时，像张建国这样的销售人员还有很多。他们开着公司配发的一辆小车，赶赴全国各地的乡、县邮电局。时任华为监事会主席、审计委员会主任的李杰,在两年时间里,带领十多个人跑遍全国近500个县,售出大量产品。

总结而言,华为之所以能迅速向农村市场扩张,有三方面优势:

第一,农村市场需求旺盛。当时的农村电信事业正处于一个发展阶段,对通信设备有着极大的需求。但外国通信巨头不愿意进农村市场,华为的及时出现,让乡、县邮电局看到了曙光。

第二,产品性价比高。城市邮电系统偏爱进口设备,而农村邮电局更注重低价实用,不在乎品牌,只中意低价好用的产品。C&C08局用交换机技术不输进口产品,价格便宜一半,自然能快速覆盖农村市场。

第三,服务取胜。1993年,华为组织"装机小分队",为当地用户提供24小时的售前、售后服务。任正非提出要求:"你们在外面是公司的代表,一定要让用户对华为留下良好的印象,言行举止都要体现华为的风范。""装机小分队"深入农村地区,他们克服条件差、生活苦的困难,为广大客户解决了很多技术上的难题,也赢得了认真负责的口碑。

当然,拓展农村市场也有困难。设备的运行环境就是其一。城市的通信设备一般都集中在一个机房,以保护设备和电路。但在农村,通信设备通常与杂物一起堆积在仓库中,受灰尘、发霉、腐蚀影响,设备损坏率高。尤其在冬天,南方室内没有暖气,通信设备成了唯一散热的物体,周围聚集了大量的昆虫类动物,它们会影响设备的使用寿命。

华 为 兵 法:
华 为 战 役 的 2 6 个 决 策

某次，一个村子里的设备用户板突然起火，维护人员到达现场，却找不到烧毁原因。华为接着组织研发部门，进行多方排查，仍然找不到供电异常的痕迹。后来通过观察发现了单板上存在水迹，专家大胆推测是老鼠尿引发的电路烧毁。几经实验后，这一猜想得到证实。在后续的研发中，华为便将线路板防水问题列为重点。

环境问题对产品提出了更高的要求，逼迫华为在耐用性上不断钻研。现如今不论是高温还是极寒，华为的设备都能经受住考验。这都是华为在拓展农村市场时的"额外收获"。

1995年，华为总营业额达到近2亿欧元，其中超过一半的营收来自于农村市场。华为在农村市场占得了一席之地。但农村市场只是华为打开全国市场的开端。

拿下邳州

1994年10月，任正非带着最新研发的C&C08万门交换机，出现在北京举行的国际通信展览会上。该产品采用准SDH技术，不仅在中国，在全世界也是一项创举。华为通过这次展览会向世界展示了自己的实力。

时机已经成熟，任正非决定加快农村包围城市的步伐，并将C&C08万门交换机作为一大重要"武器"。

江苏邳州是华为开拓城市版图的第一站。邳州电信局在过去一直使用上海贝尔所研发的S1240交换机，但随着中国通信行业的高速发展，用户的装机量大大增加，原先设备的容量已经无法满足市场需求。当地电信局派遣采购员前往上海，欲订购一批同品牌的交换机。但当时需要扩容的电信局还有很多，贝尔的交换机早被抢购一空，预订已排到了第二年。

华为南京办事处的徐旭波抓住各种机会推介华为产品，介绍了华为产品在质量、性能和价格上的优势，并争取到了在邳州电信局试一试的机会。很快，华为派出了C&C08万门交换机的研发人员李一男，带领着最好的团队前往邳州装机。

但装机并不顺利。在装机过程中，华为机架的导轨有些松软，使得电路板插进去后很难取下，费了很大力气取下后，又插不进去了。更严重的是，当电话连接到C&C08万门交换机时，长途电话根本打不出去，不管是更换了中继板还是中继线，问题依然没有得到解决。任正非接连派出几波工程师前去解决问题，李一男更是在机房中守了一个星期，但无法拨打长途电话的问题依然存在。

这是华为万门机出场的第一仗，也是华为进军城市的第一仗，只能成功不能失败。华为研发人员仔细排查每一处，不放过任何一根线、一个焊点、一个接口。终于在机箱下找到了问题根源。原来是因为万门机的底线接触不良，只需要将机箱和底线连接处的螺钉拧紧问题就解决了。

团队在8月到达邳州装机，等调试完毕成功交付，已过10月中旬。在最后交付阶段，任正非亲赴邳州，给所有人开了一场庆功大会。在会上，任正非豪气地向员工许愿："10年后，华为要和AT&T、阿尔卡特三足鼎立，占得三分之一的天下！"

华 为 兵 法：
华 为 战 役 的 2 6 个 决 策

经此一役,华为自主研发的C&C08万门交换机也被历史所铭记。从1994年面世到2018年退出市场,C&C08万门交换机畅销了24年,服务了上亿的用户,也为华为实现了巨大的商业价值,奠定了如今华为龙头地位的基石。

随着邳州一战的胜利,华为开始以农村为起点,连点成线,连线成面,向城市扩张。进到城市就意味着华为要与国外企业进行竞争,华为必须寻求一条独特的发展道路,才能在激烈的竞争中脱颖而出。

外企"败走"中国

与国外企业相比,华为的差异化竞争优势在于客户服务。那时候,国外品牌的产品十分紧俏,销售人员坐在办公室就能签单。但华为不同,抢占市场就得把客户当上帝。华为的工程师几乎全天候待命,随时准备服务客户,而当时一些外企的维护人员少,也并不关心客户体验。另外,由于不愁订单,外企销售人员的能力并没有在残酷市场中得到锻炼。

以上海贝尔为例,这家合资公司成立于1984年。到20世纪90年代时,成为中国通信行业的中流砥柱,发挥了重要作用,也占据了市场的半壁江山。然而,在激烈的行业竞争中,它甘于曾经的辉煌,躺在功劳簿上吃老本,低估了华为等新兴企业,最终导致被收购的结局。

上海贝尔败走中国的主要原因有二:一是自主研发能力

缺失；二是态度轻敌。中外合资企业无法接触核心技术，只能依赖"拿来主义"。企业无法建立自主研发体系，更谈不上新产品开发。在华为开发光网络、移动产品等丰富产品线时，上海贝尔却无所作为。在固话领域，除S1240之外，上海贝尔大部分产品都缺乏竞争力。在新兴的宽带和移动通信业务领域，上海贝尔的市场份额也十分惨淡。

华为继续卧薪尝胆，先以"农村包围城市"和低价策略，拿到偏远地区的市场份额，并不断挤压其盈利空间，成功在中国站稳脚跟。

1996年至1998年，华为迎来爆发式增长，仅1998年一年，华为的销售额比1995年激增6倍，金额达到89亿元，第一次超越了上海贝尔。1999年，华为又从上海贝尔手中抢占了四川通信设备市场70%的份额。

上海贝尔在中国市场逐渐失利。后来，上海贝尔整合资源，通过重组想要重回巅峰地位，但已于事无补。

值得一提的是，上海贝尔在中国市场的失败绝不是华为单打独斗的结果，20世纪90年代中后期，"巨大中华"❶带来的牵制效应越发明显。一方面，由于本土企业开始发展，将曾被国外企业垄断的设备价格拉低，运营商的选择更加多元化；另一方面，由于成本的下降，中国运营商开始步入大规模建网周期，电信基础设施水平快速提升，这又反过来加速了企业的研发进程。

---

❶ 巨龙通信、大唐电信、中兴通讯、华为技术的简称。

华 为 兵 法：
华 为 战 役 的 2 6 个 决 策

和上海贝尔一样，其他的几个通信巨头如富士通、日本电气股份等，在中国本土品牌的迅猛攻势之下也相继退出中国市场。自此，我国电信业被"七国八制"垄断的状态被打破，在"农村包围城市"的战略推动下，华为开始在国内市场展现风姿。

第二节 决策5：行业持久战

打破"七国八制"的垄断后，中国通信行业崛起了一大波本土企业，"巨大中华"四家企业成为本土通信行业的新标杆。其中中兴、华为诞生在深圳，巨龙、大唐成立于北京，因此华为和中兴在争夺市场时互为目标，发生了一系列故事。

任正非总说："来自对手的批评不要总是抗拒，即使说得过头了点，我们都要认真听取，他要打赢我，总要找我的软肋，我们自己总是有盲点。"中兴对于华为，就是这样一种存在。

华为与中兴，成立时间相差3年。两者刚开始的主营业务都是交换机。因为都在深圳，任正非和侯为贵还曾经坐在一起，讨论如何扛起民族通信业振兴的大旗。

1996年，侯为贵决定突破原来产品结构上的单一性，向交换、传输、接入、视讯、电源、移动、通信等多元化领域扩展。凑巧的是，任正非也在同一年制订了新计划，未来主攻的产品结构上有70%和中兴重合。

至此，两家公司展开了持续的竞争。

当时，华为在市场占有率、销售渠道及销售规模上都有一定优势，销售额几乎是中兴的4倍。但任正非面对这场竞争却丝毫不敢懈怠，他挑选了一批销售组的精兵强将，去往祖国大江南北开拓市场。

随着双方竞争加剧，"冲突"也在逐步升级。

1998年，在湖南、河南两省的交换机投标会上，华为递交了一份特别的标书。在这份标书上，华为将自己的产品同中兴的产品进行了详细对比，委婉表示自家的产品各方面都要优于中兴。中兴知道此事后，连夜赶制了一份类似的标书，并最终抢到了这个订单。华为迅速反击，起诉中兴违反了《不正当竞争法》。

2005年6月7日，华为再次对中兴提起诉讼。因为在尼泊尔的电信竞标中，中兴以390万美元的价格打败竞标价为1200万美元的华为，并最终赢得合约。华为对中兴低价抢单的行为大感不满，于是一纸诉状将其告到了中国驻尼泊尔使馆商务处。

虽然竞争不止，但两家企业并非只顾打架而不顾发展。数据显示，从1998年到2000年，中兴年销售额从41亿元增至102亿元，而华为年销售额则从89亿元增至220亿元。

虽然中兴在市场销售额方面处于下风，但并不妨碍其成为一个优秀竞争对手。面对中兴，华为从不敢掉以轻心。

2000年1月28日，中国联通和高通签署了有关CDMA在中国的框架协议。但由于该协议没有得到信息产业部和国家计划委员会的支持，所以被要求下马。

华 为 兵 法：
华 为 战 役 的 2 6 个 决 策

任正非认为，CDMA95相对较为落后，中国联通在短期内应该很难再次上马CDMA项目。为了在联通项目启动时，华为可以抢占先机，任正非撤掉原来的CDMA95小组，转攻CDMA2000。

侯为贵分析了当时CDMA市场后，认为联通肯定会上马CDMA项目，而且CDMA95标准不逊于GSM。所以他一改之前紧跟华为的战略，选择继续将研发重心放在CDMA95项目上。但他也担心因战略选择失误而导致落后华为太多，于是同时投入小部分资源研究CDMA2000标准。

2001年5月，中国联通第一期CDMA再次正式招标。最终，中兴的CDMA95一举夺魁，争得10个省共7.5%的份额。凭借这一优势，在2002年11月底的联通CDMA二期建设招标中，中兴又获得12个省份总额为15.7亿元的采购合同。

在小灵通市场上，中兴抢先布局，并在国内电信行业处于遥遥领先地位。对比对手，华为开始自我反省，并作出战略调整，不仅跟进小灵通，还进军海外市场。中兴察觉风声，也立刻跟进海外市场。至此，双方的"战斗"从国内打到了国外。

在海外市场，华为和中兴延续了国内市场的价格战策略。但华为早一步出海，不仅在时间上占了先机，还对海外市场的了解更深一层。

中兴则在一开始便面临诸多挑战。比如，侯为贵去北非时，就被当时的合作伙伴直接指出错误——产品上的标识是中文，看不懂，无法操作。此外，中兴产品的介绍材料不合规，简单粗糙，无法与国际上的竞争对手相提并论等。

第 二 章
动 态

在这场持久战中，双方的差距逐步拉大。2002年，华为已经领先中兴许多。后来华为积极寻求国际顶级企业合作，比如IBM等，探索出了一条有助于华为自身发展的良性道路。基于越发成熟的管理体系，华为在国内外大幅扩张，业务已遍及全球多个地区。

截至2019年第三季度，华为实现销售收入6108亿元，同比增长24.4%。净利润率8.7%，即实现净利润大约530亿元。无论收入还是利润，华为基本上都是中兴的10倍左右，两者差距愈加明显。

第三节　决策6：寒冬下进军海外

20世纪90年代末到21世纪初，华为深陷市场误判的沼泽。这实在不利于一个成长期的企业发展。按任正非的话说，"这一场网络、设备供应的冬天，冷得出奇"。

从不适应快速发展国情的JK1000，到自主研发成功但无法应用的3G技术，华为似乎是一步错，步步错。尤其华为一直致力于研发3G技术，本打算成功后领先国内市场，却不承想由于缺乏工信部下发的牌照，3G技术无法在国内应用。

让华为尤感雪上加霜的是，国内无法应用的3G技术，在国际上开始大范围流行，其在韩国、日本、美国等多个国家呈现市场向好状态。

这时，任正非意识到国际市场的重要性。习惯性的危机意识让他不得不担心,如果国内市场不乐观,华为还有退路吗?答案毋庸置疑。虽然早在1995年华为便成立了海外市场部,但成绩不甚满意。因此即便在当时,华为对于海外市场的探索也仍旧处于初始阶段。

2002年年底,华为决定出征海外,寻找新的发展机会。华为先后进军东南亚、俄罗斯、非洲、欧洲,在3年时间内建立起一支国际化的队伍,用10年时间,将华为的大旗插满全球。

俄罗斯

早在1994年,华为便想进军俄罗斯市场。但苦于当时自身实力较弱,加上俄罗斯的电信行业被朗讯、西门子等国际巨头瓜分,因此华为屡屡碰壁。到2002年左右,技术的成功应用,让俄罗斯对中国产品有了一些信心。

这一时期,华为在俄罗斯的市场份额尚较小。但随着俄罗斯的经济陷入低迷,华为抓紧时间部署业务,扩大市场。2002年年底,华为拿下了俄罗斯国家电信部门关于GSM设备的供应合同。这是华为首次在俄罗斯拿到上千万美元的订单。

非洲

2003年,华为与IT巨头思科的知识产权侵权案,使任正非进入美国的想法被迫叫停。此时,军人出身的任正非吸取教训,为避免企业竞争带来的争端,他决定以"农村包围城市"的策略去开拓海外市场。权衡之下,他选择了因自然环境恶劣而鲜有企业光顾的非洲地区。

2004年10月,华为与尼日利亚签订了MTN 3500公里的国家干线项目。MTN网络覆盖面积近88万平方公里,几乎接近整个南非地区。MTN完成后,可以实现为南非92%的住户提供电信接入服务。后来,MTN成为非洲最重要的移动网络。但在当时,它只是尼日利亚的小型项目,因无其他企业接手,这才交给了华为。

华为始终保持着高度的紧张感。在标书准备过程中,项目组成员为完美呈现技术方案,连续18个小时进行讨论和修改。直到交标前夜,团队成员还在核对24本标书,逐字逐页查错。

国外条件有限,能够调动的资源更是屈指可数。从产品立项到推出,从个人吃喝住行到集体出行等,都给华为人以很大的挑战。

在非洲工作数年的邓涛回想那段日子,曾感怀道:"海外的生活尽管艰苦,但它拓展了我们的视野,使我们对这块土地,这里的人民,乃至整个世界的文化及发展有了更多的认识,对生活的真谛有了更多的理解。"

艰苦奋斗的生活作风和严谨负责的工作态度,让华为非洲团队赢得了合作伙伴的交口称赞。2006年12月,项目竣工仪式上,MTN集团主席表达了对华为的高度认可。他认为,华为的设备和产品值得信赖,整个团队具备高效的管理能力。

华 为 兵 法:
华 为 战 役 的 2 6 个 决 策

他对华为团队为尼日利亚通信业发展做出的贡献表达了感激。

最终,团队在不懈努力下,还获得了西非第一条国家传输干线的项目。这对不断探索海外市场的华为来说,无疑是一剂强心剂。同时,这也证明了任正非"农村包围城市"的战略得当。

华为紧抓非洲市场上的每一次机会,并在刚果同样打响了自己的品牌。2006年,华为在刚果建立行动处,打算为客户部署3G核心网络。但是和以往一样,开局进展并不顺利。客户临时改变计划,使得原来的30天工期直接被压缩成4天。这让现场施工的华为团队一下子傻了眼。

基于此,项目组成员召开紧急会议,经过多次协商讨论,大家一致决定要如期完成任务。这意味着所有成员都要牺牲自己的时间,一心扑在工程现场。最后,包括工人在内的所有参与人员,吃饭、睡觉都在一起。经过团队所有人连续奋战三天四夜后,建设工作终于如约完工,并获得了客户的认可。

后来,华为还赢得了南非移动运营商Cell C的青睐,达成长期合作意向。截至2008年,华为已经在南非、尼日利亚、肯尼亚等国都建立起了工程技术服务平台及备件资源库,以及相应的服务中心。

欧洲

在非洲市场取得骄人的战绩后,华为一路披荆斩棘闯荡海外市场。2003年，阿联酋最大的综合电信运营商Etisalat宣布与华为合作，实现了3G网络在中东及阿拉伯国家的第一个成功商用案例。2005年，华为进入东南亚，在印尼推出GSM-3G手机。

2005年，为更及时、有效地管理国际市场，华为将多地海外业务进行整合，成立了国际合作管理部。同时，华为对全球市场进行了分区式管理，每个区的管理者拥有除财务管控权和关键人事任免权之外的所有权利。这样可以使业务运作更加灵活，减少第一线工作人员受程序制度的约束性，"让听到炮声的人呼唤炮火"。

随着华为在全球市场份额的增加，进军欧洲迫在眉睫。2003年，华为在法国巴黎建立首间欧洲办公室。2004年，华为又在欧洲建立西欧地区部，并任命华为香港代表处负责人彭博为总裁。

当时，华为在欧洲的业务正处于起步阶段，欧洲四十几个国家的华为员工加起来不超过一百人。彭博坦言："是从零开始的一个阶段。"而在这一阶段，华为的扩张可谓困难重重。

欧洲市场对新兴的中国企业不甚了解，且有诸多偏见。他们不相信中国企业可以拥有高质量的移动通信技术。这样的错误认知大大阻碍了华为在欧洲市场的发展。

华为初期开拓欧洲市场时，碰壁是家常便饭。有时工作人员多次约见客户，但都被拒。有时有机会为客户介绍华为的产品和业务，但结果通常不甚理想。

针对这些情况，华为开始调整战略，并注重品牌宣传。

华 为 兵 法：
华 为 战 役 的 2 6 个 决 策

华为派人到全世界去参加各种专业活动，以此增加曝光率，让更多国家、更多企业认识自己。

基于此，华为的品牌影响力大幅提升。2004年，华为与法国的Neuf Telecom达成合作。这是华为在欧洲签下的首份关键合约，堪称里程碑订单。2005年4月，华为又与世界顶尖的电信运营商——英国电信集团（BT）签订合约，约定为其部署关于3G的多业务网络基础设施和相关工作。

2004年，华为在西班牙以极高的效率解决了当地铁路网络速度慢的问题。这引起了彼时世界最大的移动通信网络公司——沃达丰的注意。2006年，华为和沃达丰达成合作，二者共同在马德里创建了移动创新中心（MIC），合力推动3G技术的大规模商用。这在很大程度上提升了华为的企业知名度。

截至2005年，离任正非提出"要在三五年之内建立起国际化的队伍"的时间，正好过去了三个年头。此时，华为已经在全球67个国家达成3G建设的合作。其中，关于WCDMA网络的35个商用合同中，有12个来自欧洲。值得一提的是，2005年，华为的海外销售收入占总销售收入的58%。这意味着华为海外业务超过国内，海外市场成为其第一大市场。

第四节

决策7：终端战略转型

1994年，华为介入终端业务，并在1996年成立终端事业部，陆续研发出子母电话机、洗手间的壁挂式电话机等产品。

但因为在终端业务没有任何经验和客户积累，子母电话机等产品质量未过关，最终终端项目碰壁搁浅。任正非吸取教训，认为华为不适合做终端。

1997年，原邮电部主动邀请华为做手机终端的自主研发和生产，并给华为公司颁发GSM、CDMA手机的生产许可证。不过，任正非始终坚持华为不进入通信消费品领域。

进入终端

但是，计划赶不上变化。

华为进入终端业务，是大势所趋。21世纪初，华为斥巨资，研究出超前的WCDMA 3G系统设备。这意味着华为的技术研发已处于全国乃至全球领先地位。但技术领先也为华为发展带来一定困难。因为这套设备仍处于测试阶段，但当时市场上的手机智能化还未进入3G水平。

为更加贴近真实使用环境，研发人员不得不用计算机模拟3G手机的各项功能应用，测试3G基站是否安全有效运行。然而，计算机模拟并不是长久之计。

因长期需要3G手机产品支持通信测试，2000年，华为和NEC、松下在上海成立合资公司宇梦通信。通过"市场换技术"的方式，华为从日本厂商那里换到终端技术，快速切入终端产品。

2002年年底，任正非听完团队对手机立项讨论的汇报后，

华 为 兵 法：
华 为 战 役 的 2 6 个 决 策

决定拿出10个亿投资到手机领域,而华为在2003年的净利润也就10个亿左右。

后来,华为开始为全球运营商贴牌供货。贴牌,意味着消费者只能看到运营商的品牌。至此,华为开始进入"白牌机"❶发展阶段。这时的"白牌机"在市场上销量不错。2007年,这种手机的发货量达2000万台;2009年,发货量超过3000万台。

但看似繁荣的背后,却存在巨大的问题。"白牌机"实际利润低得过分,以至于当时华为的手机业务一直没实现盈利。

尤其在2009年,海外运营商将华为手机价格一压再压。拉美运营商将价格压到75美元,印度又将价格压至50美元。这让华为上下急成一团——这种生意卖得越多,亏得也就越多。

这一切都表明,终端转型迫在眉睫。

与此同时,智能机时代的到来,让华为意识到消费者对智能手机的需求,或许能够推动通信行业的向前发展。

时值2008年,苹果公司推出iPhone 3G,开启智能机时代,并从此取代诺基亚成为手机领域的新霸主。《2010—2011年度中国手机市场发展状况研究报告》显示,2008年我国智能手机销量达1700万部,较之前一年增长了21%。这意味着2G/3G网络的使用频率激增。

在用户需求的倒逼下,运营商在通信基础设施建设、业务多元化、网络升级等方面有强烈诉求。这给华为创造了大

---

❶ 白牌机,即没有品牌的手机。

第 二 章
动 态

量机会。2008年年底,工业和信息化部下发3G牌照。华为顺势而为,一举在国内国外市场双重开花。到2009年,华为的销售收入高达1491亿元,净利润也达到183亿元。业务囊括以3G为基础的核心网、光传输、接入网和路由器领域。

2010年,中国全年智能手机销售量达到4000万部,比2009年增加了1800万部的销量,增长率达到82%。智能手机的巨大市场,让任正非意识到,手机终端不应该只是为了给运营商做配套而存在,而应该成为企业未来的发展战略之一。

告别贴牌机

任正非决定推出自有品牌的智能机。

针对这一决定,华为内部开过一场至关重要的会议——三亚会议。这场会议被华为称作"遵义会议"。

2011年年底,华为在三亚举办了一场足以影响中国智能机结构的重要会议。在这场会议中,任正非正式对众人提出"把最终消费者作为公司客户""现在要改变我们以前不做品牌的策略"和"只有进攻才可能成功"的终端智能发展战略。

为了实现这一构想,任正非特意将负责西欧无线业务的余承东调任统筹终端研发。紧接着,华为终端公司并入消费者业务部,生产终端产品成为华为三大主要业务之一。

余承东上任之后的第一件事,是全部停掉贴牌机业务。华为的全新发展目标,是直接向普通消费者传递华为自有手机品牌。

不仅如此,华为还拟朝向高端智能手机市场转型。任正非受到国外手机市场的影响,认为除打造自身品牌之外,还应选准定位。权衡之下,千元机成为华为的又一大突破点。

事实证明,手机终端市场的蓬勃发展带动了通信技术的快速演进。从1992年的2G到2007年的3G,我们发展了十几年时间。从3G到2013年的4G,仅间隔6年。2019年,5G开始商用。

在智能手机崛起的这段历程中,华为是亲历者,也是引领者。

转型难题

2011年,三亚会议的高层连线后,华为果断决定改变手中终端业务的发展模式——将原来面向运营商的定制服务转为面向终端消费者的直接服务,即从2B改为2C。

但是转型之路谈何容易?华为面临重重阻碍。

首先,是合作伙伴的"抛弃"。

以欧洲市场为例,手机业务部CEO余承东坦言:"华为在欧洲市场过去只做贴牌机,在推广自有品牌初期,因为很多运营商的不认可,失去了相当一部分的订单和市场份额。"

因为当时华为的服务对象大多是运营商,提出的口号都是"伙伴、定制、价值,为客户定制更好的手机定制服务"。

第 二 章
动 态

基于此，当华为提出要削减"贴牌机"业务时，他们纷纷表示不理解，并陆续取消了和华为的合作。包括英国沃达丰在内的15家欧洲运营商中，有14家都是如此。这对于当时开辟市场的华为来说，可谓是一大打击。

其次，是华为产品在口碑和销量上都遭人诟病。

2012年，华为在对比了苹果iPhone系列、三星Galaxy系列的崛起路线后，把更轻更薄当作研发目标，并最终推出了以"世界最薄"为卖点的第一款高端手机——Ascend P1。

华为对这款手机寄予厚望，这一点在命名上就可见一斑。Ascend有登顶之意，而取自Platinum（译为铂金）的P更是表达了至尊的期待。

即便如此，这款手机一面世就遭到消费者的疯狂吐槽，如外形观感差、过于技术控、宣传意识流等。

过于技术控，是指华为一直在强调手机的性能如何强大，比如采用德州仪器OMAP 4460 Cortex-A9处理器、应用动态频率处理技术、搭载独家3D UI效果的安卓4.0 ICS操作系统。

宣传意识流，则是指华为在2012年7月27日上线的广告。视频以一手持画图工具的老者和一匹白马构成，二者在全白背景下视线交汇，而后朝向彼此奔跑相撞，这时，画面中出现Ascend P1款手机。这让观众大呼广告太过意识流，读不懂其意图。

这就导致产品销量惨淡。当时三星的Galaxy S III销量3000万台，iPhone 5的销量也突破之前，迎来2740万台的新高，而Ascend P1仅卖出了50万台。

华 为 兵 法：
华 为 战 役 的 2 6 个 决 策

随着质疑声越来越大，华为内部产生了不小的动荡，为何技术优势反而成了销量痛点？面对这些问题，任正非强调改变原来纯靠技术的思维，将目光放在消费者身上。同时，他提出"要从问题出发，把控趋势"，要进行风险分析。

转型之路困难重重，但华为也不是丝毫没有准备。终端市场前景巨大，利润颇丰，若是发展得当，未来必定是企业支柱。结合当时终端人力的分散，华为采取化零为整的办法将公司面向消费者的业务整合，组成全新的部分，即消费者业务集团（消费者BG）。

消费者BG率先承担起了帮助华为手机走出困境，将终端带上繁荣的重任。此时，终端的战略地位已经具备，任贤举能成为关键要素。但负责终端的领导者一变又变，三个总裁轮番上任，效果皆不明显。

在这种情况下，余承东负责这一新成立的消费者BG。

余承东生于1969年，安徽霍邱县人。虽然生活贫困，但他学习刻苦，以全县理工科第一名的成绩考入西北工业大学自动控制系，后来又考上清华大学研究生。1993年便进入还在初创时期的华为，从此一直在华为奋斗。他曾历任华为3G产品总监、无线产品行销副总裁、无线产品线总裁、欧洲片区总裁、战略与市场体系总裁等。

临危受命，余承东压力巨大，丝毫不敢懈怠。转型之初，他便树立了华为要在3年时间内成为全球顶级移动终端品牌的目标。他曾表示："世界没有人记住第二，都记第一。"

事后他对此解释说："世界第一高峰是珠穆朗玛峰，第二高峰是什么?很多人答不出来。想有未来,必须面向终端消费者,做高端。"这句话也成了华为后来发展终端业务的战略目标。

登上山顶

华为终端团队成型后,第一件事就是把智能手机市场做起来。但Ascend P1的失败说明,华为错误评估了消费者市场。

终端团队开始对问题逐个击破。余承东直言:"华为在前期产品上越想要表现,越是弄巧成拙。"面对越发注重个性化的时代,产品竞争已经不再只是技术的较量,而是多种维度的全面比拼。

任正非多次强调围绕核心用户做产品和服务。余承东也让手机研发人员走出实验室,去街上观察、发现消费者的喜好。华为需要从运营商的思维中跳出来,站在广大消费者的角度去思考问题。这样研发、生产出来的产品才能经得住市场检验。

基于企业本身特质,华为一向注重功用而忽略美学,遂导致与市场审美脱轨。对此,华为积极进行调整。2013年8月,华为决定在法国巴黎成立美学研究所,专注于产品的美学设计。至此,华为开始有意识地将技术和艺术相结合。

截至2016年3月,华为对于这一机构已投资近600万美元。机构成员包含汽车、钟表、珠宝等各大品牌的设计专家。

后来，华为还成功邀请到知名设计师Mathieu Lehanneur担任首席设计师。这使得华为产品的艺术美感更上一层楼。

在全新的体系支撑下，华为终端销量不断创造纪录。数据显示，华为终端的出货量从2011年的2000万部，升至2014年的7500万部，销售收入也从68亿美元增长至122亿美元。

2013年3月，华为推出Mate手机。这款手机定位清晰，将目标群体设为商务人群。这是华为摒弃撒网式行为，有针对性研发终端产品的首次尝试。

2013年6月18日，华为推出又一全新产品——Ascend P6。这次的产品集技术和美感于一体，具有更快、更薄、更富曲线的特性。和Mate一样，此次P系列目标群体明确，主攻时尚年轻群体。

功夫不负有心人，Mate和P6推出后，消费者的赞誉不断。其中，P6的销售总量达到了400万台。虽然与三星、苹果相差较远，但对于华为来说无疑是一次战略上的成功。正是如此，华为坚持将美学设计融进产品，从外形到使用感受，都力求适应市场需要。

2014年年底，Mate7宣布上市。它延续了华为一贯技术领先的传统，将指纹和大屏幕结合，又以扁平化的设计风格，使界面呈现出更为优雅简约的视觉感受。它精准"攻击"三星与苹果在指纹与屏幕结合处的薄弱点，抢占了国内大部分市场，受到消费者的高度推崇，成为华为销量第一的手机。至此，华为的手机高端市场逐步打开，并呈现向好态势。

2017年，华为已经成为中国市场品牌偏好度第一的知名

第 二 章
动 态

品牌。从无人知晓到家喻户晓，华为的品牌价值有了质的飞跃。2019年，根据华为年报显示，以终端产品为主的消费者业务营收已突破4500亿元，占三大业务比例的54.4%，成为华为的第一大业务。

华 为 兵 法：
华 为 战 役 的 2 6 个 决 策

华为兵法：
华为战役的
26个决策

HUAWEI

第三章

前 瞻

通信领域是一个拥有无限前景的行业，没有人知道"终极通信"会是什么样子。但市场是无情的，在通信技术迭代更新飞快的今天，如果一家企业昨天没有做出前瞻性的策略，今天势必就拿不出先进的东西，明天迎接它的只有死亡。

一天没有突破，就多当一天市场的备胎，一生没有突破，一生都只是世界的备胎。华为是非上市公司，高层都是着眼未来5至10年的战略构建，不会只考虑现阶段，所以他们就走得比别人快、看得比别人远。

第一节
决策8：重新定义创新

20世纪90年代中期，随着华为研发的交换机在中国通信市场的大获全胜，华为进入了发展的快车道。任正非提出，每年将10%的营收投入到研发中。

高度自由的开发，使得产品可以充分展现开发人员的水平与风格，但带来的直接结果是不同产品各具风格。对于商业产品来说，不规范、不标准会带来许多麻烦，尤其不利于产品的复制与继承。更严重的是，还会对后期维护造成困难。

为改变现状，华为进行了两大转变：

第一，转理念。纠正盲目自主创新理念，建立"拿来主义""站在巨人肩膀上创新""改进式创新"等理念，主张创新有章可循。

第二，转方法。打造规范化、标准化的研发体系，让技术创新变得可管理、可复制。

转理念：不盲目自主创新

"拿来"并不丢人

1996年10月，任正非前往SDH传输设备产品研发中心，了解项目研发进度。在现场，任正非寻问该产品有多少技术是自己开发的，时任SDH产品负责人的黄耀旭自信满满地回答说："关键技术除了芯片和操作系统之外都是自己开发的。"没想到任正非听后狠狠地批评了他。

任正非深谙研发之道，他认为成熟的技术可以让研发工作事半功倍，有效地提高研发效率。因此，在产品的研发过程中，任正非高举"拿来主义"。只要是市面上已有的技术，华为绝不吝啬金钱，一定去购得使用权。

但在大多数研发人员的认知里，只有自己做的才是创新。

很多研发技术人员对于直接"拿来"存在先天抗拒心理。开发摄像机控制器时,该研发部门怀着"自己能做所有监控设备"的幻想,盲目地投入大量人力、物力。很快,残酷的市场将他们拉回现实:产品虽如约完成,但在市场根本没有竞争力。因为拒绝"拿来主义",华为品尝到了苦果。

在交换机SDH开发时,硬件部的徐恩启在光接口开发的过程中,积极响应"拿来主义"精神。他主动与传输部沟通,试图将已有的技术应用于光接口的开发。为更好利用传输部技术,徐恩启甚至直接将项目组搬至传输部实验室,每天和传输部的同事同工作、共吃喝。最终,团队不仅成功地完成了交换机SDH的光接口开发,还超额完成了ATM部分产品的光接口开发。

这一次成功合作让每个人都意识到"拿来"的重要性。大家逐步达成的共识:只要是为了新产品研发,"拿来"就得理直气壮。例如,受徐恩启影响,智能业务部的欧阳剑鸿在发现某产品的特性完全可以用在自己新产品的研发中时,就用1000块钱把技术买了回来。果然,有了外界成熟技术的帮助,新项目的开发如履平地。欧阳剑鸿因为充分发扬"拿来"精神,受到了华为内部的表扬。

"拿来"不仅仅是一句口号,更是一种态度,是正确认识创新的一个过程。发扬"拿来主义",不是一朝一夕的任务,而是需要长久的环境培养。只有真正将"拿来主义"融入自己的思维之中,创新才能更轻松。

华 为 兵 法:
华 为 战 役 的 2 6 个 决 策

继承式创新

创新不是彻底的颠覆和改革,而是渐进式演进。任正非在2010年云战略与解决方案的内部会议中说过:"我从来不主张凭空创造出一个东西、好高骛远地去规划一个未来看不见的情景,我认为要踩在现有的基础上前进。"因此,比起创造一种前所未有的新技术,华为更加钟情于对已有技术的不断改进和优化。

回顾华为早期的研发历史,我们可以很清楚地看到,成功的产品都依赖于原有产品和技术积累,是在历史基础上的继承和改进。交换机HJD48本身是上一代产品BH03的改进和扩容,之后在它的基础上,又研发出100门、200门、500门交换机。不管再怎么变,其核心技术始终如一。有了用户交换机的成功经验,华为又在局用交换机中一展宏图,成功研发出首个数字程控式交换机——C&C08 2000门交换机。在产品不断迭代之中,C&C08万门机最后横空出世。C&C08万门机凭借过硬的品质和优秀的性能赢得了广大客户的支持,霸占通信市场25年,销往全球近百个国家和地区,服务了上亿的用户。

在交换机领域的长期研发投入,让C&C08万门机一举成名,同时使得华为在该领域形成了稳定的产品平台。之后华为又将目标转向芯片设计、移动通信等领域,依赖的也是交换产品研发过程中所积累的技术。围绕一个核心,不断地修改与推进,提升自己的竞争力,用无数个小改进实现一次大的创新。

"从事新产品开发不一定是创新,在老产品上不断改进不一定不是创新"。曾经有很长一段时间,华为在通信行业都不被看好,因为从某种角度来讲,华为没有真正意义上自主研发的技术,也没有一款能够颠覆行业的新产品。很多人将华为定义为一个模仿者。可事实上,华为是中国近年来取得专利技术数量最多的一家企业,在5G技术领域更是全球第一。对现有技术进行改造和二次开发,成了华为创新研发的重要特点。正因如此,华为总能把握市场发展规律,推出受市场欢迎的好产品。

转方法:"乐高积木"式研发

美国管理学家赫伯特·西蒙(Herbert Simon)[1]曾讲述过这样一个故事:制作一只表需要1000个零件,现在有两位制表匠,一位叫坦帕斯,一位叫赫拉,他们有着各自的工作方式。坦帕斯在制表时,按部就班地将每一个零件按照顺序组装。虽然整体流程简单,但如果在工作过程中被打断,他只能从头开始。如果手表出现故障,他需要将每一个零件都排查一遍。

---

[1] 赫伯特·西蒙(1916—2001年),美国著名学者,卡内基梅隆大学知名教授,研究领域涉及认知心理学、计算机科学、公共行政、经济学、管理学和科学哲学等多个方向。

赫拉在组装前，会先按照一定标准将所有零件划分为10个不同的模块，再将10个模块划分为10个子模块，每个子模块由10个零件组成。如此一来，如果他的工作被打断，影响的也不过是其中一个模块。此外，基于这种方法，故障排查更具准确性。西蒙这个故事表达的核心观点是，将研发过程中零散的部分进行模块化整合，能更好地预防研发过程中的变动，并且能更快速、更精准地修复产品问题。这就是技术模块化。

1995—1996年，华为内部锐意革新，在C&C08 2000门交换机和C&C08万门交换机测试装备平台中，均推出集大量已有测试资源于一体的新测试平台。使用新的测试平台，只需增加接口板就能增加新的测试功能。

在此之前，每一次新产品上母板接插件都要重新开发。对生产资源而言，是极大的浪费。于是，在SDH模板测试仪开发时，华为决定用统一的标准对其进行规范。采用电路模块化的做法，事先将测试电路都做成小模块，在测试之前调试好，托板上只有接插件，可以根据不同的测试对象制作。这样不仅缩短开发周期，及时为产品量产推出装备，而且测试仪淘汰时，模块可再利用，降低了测试成本。

技术模块化不仅有利于产品的继承，同样也有利于创新。通过一个模块的创新，或者将不同的模块重新排列组合，都会在产品上产生连锁效应。

仔细观察可以发现，任何领域的重大技术突破都不是横空出世：电路的集成产生了芯片，灯丝的更换造就了灯泡，从人力到蒸汽到石油再到电力，汽车的创新也只是动力源的

第 三 章

前 瞻

改变……创新就是这样，归根结底都是模块的创新或组合，把看似毫无关联的产品联系在一起，以一种出其不意的组合重新展示给人们。

在C&C08交换机平台的模块化中，华为将其内部的软件系统单独拎出来进行优化升级，并赋予它全新的功能——寻呼功能。升级后的软件主要作用于诸如114电话查询、寻呼机服务等领域。在其带动下，C&C08交换机也迅速被改装为提供中继和汇接功能的C&C08 Q排队机。由于寻呼机的流行，C&C08 Q排队机一经进入市场便迅速实现盈利，不仅广泛应用于电信、移动、联通、邮政等客户服务中心系统，还被各类大企业呼叫中心列为首选设备。

之后，华为又捕捉到通信市场内对于长途电话卡的需求。于是又"搭积木"般将服务器模块和C&C08 Q排队机结合在一起，通过服务器插入语音卡的方式提供语音服务，C&C08智能平台就此诞生。不仅如此，华为进入互联网产业的首发产品A8010接入服务，也是基于C&C08交换机平台。

很大程度上，华为产品可以在短时间内实现迅速创新，并成功占领市场，便是依托模块化的技术。按技术模块化设置，研发队伍可划分为不同小组，各自负责相应的模块工作，同时有协同需要时，还可以像"乐高积木"一样迅速组装。此外，技术模块化还起到加快研发速度，提高成功率，以及防错、纠错等重要作用。

华 为 兵 法：
华 为 战 役 的 2 6 个 决 策

技术永远都在重构，永远都在演化。华为公司通过研发过程中先模块化再搭积木的做法，不仅降低了研发成本和创新风险，也大大增强了产品在市场当中的竞争力。

第二节 决策9：改变落后，超前布局

从"七国八制"主导中国初期通信市场，到3G、4G的基本持平，再到5G通信的世界领先，国外通信龙头企业很难想象，在过去的二三十年间，中国通信行业经历了什么？但作为时代的亲历者，华为自己明白，为改变落后，它苦心孤诣的超前布局，究竟起到了怎样重要的作用。

交换机的失误预判

1991年，在HJD48小型用户交换机取得巨大成功的华为，敏锐地察觉到市场内出现的变化：随着越来越多的企业涌入，原本已趋于饱和的市场开始混乱，不管是直接代销港台产品，还是通过订购散件自行组装，都在改变市场的供需平衡。虽然凭借HJD48的"老本"，华为的发展在短时间内不成问题，但要想得到长足的发展就必须将业务范围扩大，于是任正非将目光投向了市场更为广阔的局用交换机。

局用交换机的技术路线有两种，分别是模拟空分式交换机和数字程控式交换机，二者之间的区别是信号从入线到出线交换方式的不同。数字交换是无阻塞的交换技术，而模拟交换会受到通话绳路的限制。而交换技术本身，直接决定了交换机"接口"的数量，这个时候的4门机、8门机、100门机、200门机到后期的万门机、百万门机其实就是交换机所能承载的接口。从这点来说，受到通话线路限制的模拟空分技术，是不能承载大规模用户接口的，只有数字时分这种不受通话线路限制的程控交换机，才是未来的发展趋势。

此时，一个分岔路口摆在华为面前。因为局用交换机面对的客户是邮电局等国家通信企业，要想给它们供货必须有入网通行证，类似于一种营业执照。技术要求低的模拟空分式交换机可以在年底拿到入网证，而技术要求高的数字程控式交换机得到次年才能通过鉴定拿到准核。

当时，模拟空分式交换机占据市场主流，并且任正非预测以国内现有的发展速度，模拟空分式交换机在未来几年内依然有庞大的市场。因此，华为决定先搁置次年才能通过的数字程控交换机，而选择农话常见的模拟空分交换机——JK1000。

1992年，JK1000项目组正式成立，作为华为第一任总工程师的郑宝用是总负责人，徐文伟负责硬件开发，来自中科大的王文胜负责软件开发。

1993年年初，JK1000通过实验室测试，实现了华为当时所掌握的电信局用交换机的基础功能。但不期而然的是，仅一年时间数字交换机就已经成为西方电信运营商采购设备的主流。华为JK1000交换机面临着上市即落后的现状。但华为没有放弃对JK1000的希望，毕竟在当时的技术储备下，这是华为能够拿出来的最好的产品及方案。

同年5月，JK1000通过邮电部的验收，正式获得入网许可，任正非在拿到入网许可证之后，组织了华为几乎所有的销售人员，召开JK1000的销售动员会，将华为销售部下一阶段的核心工作锁定在JK1000交换机上。为此，华为制定了详细的策略：各地办事处的领导必须亲自挂帅，负责自己区域内的所有销售，甚至亲临一线进行促销；培训中心负责产品的宣传和相关的展示活动，并且做好客户相关人员的培训工作；开发部除了进行正常的维护、升级，还要求技术人员参与市场部工作，进行技术性推销。

在一番紧张忙碌的排兵布阵之后，7月4日，江西省乐安县邮电局公溪分局正式开通了JK1000的局用交换机，经过近两个月的调试之后顺利开局。

落后的技术注定要被市场抛弃，这是优胜劣汰、物竞天择的不变定理。华为在自身技术能力不足以开发数字交换机的情况下，退而求其次推出模拟交换机本无可厚非，但是其在市场竞争中被击垮，也再次说明市场的选择肯定要基于产品及技术。

在华为销售人员、培训人员和技术人员各方努力的情况下，在整个JK1000的生命周期内，销售量也仅仅是200余套。这使华为试图利用电信局用交换机进入运营商市场的畅想破

第 三 章
前 瞻

灭了,甚至华为的JK1000还没来得及更新和完善,就已经不复存在。"上市即淘汰",市场根本没有留给华为斡旋的余地。

究其原因,是华为对我国当时通信市场的发展出现了极大的误判。1993年的模拟空分技术已经走到了末路,2G时代的数字通信技术已经逐步取代1G时代的模拟通信技术,数字时代的到来,注定要取代模拟时代,数字交换机也一定会取代模拟交换机。

同时,在巨大市场的倒逼下,技术演进的速度也不能用常理来判断。2000年,我国电信产业的固定电话普及率已达到50%,是华为当初预测的10倍以上。本以为能再战几年的模拟交换机,在几个月内被迅速迭代。

经此一役,华为习得最重要的经验就是:宁愿超前,不能落后。

3G、4G的奋力追赶

JK1000对市场的迟缓认知,使华为开始马不停蹄地超前布局,进行技术研发。

1997年,国际电信联盟(International Telecommunication Union,ITU)发文征集3G提案,代表全球3G时代即将来临。

1999年,华为迅速组建了一支80人的队伍,专门从事3G核心网络的设计和开发。到2000年1月,华为仅用了50天的时间就实现了3G通话。

华 为 兵 法:
华 为 战 役 的 2 6 个 决 策

2002年，中国首个拥有独立知识产权的3G标准出现，技术和标准统统整装待发，只等国内发牌即可大规模商用。但国家对3G依然保持观望的态度，同时为给国内技术厂商留以充足的准备时间，一直没有发放商用牌照。掌握技术就掌握了一切，见国内牌照无望的华为，凭借自身过硬的技术，迅速转战国外市场，取得了不俗的成绩。

2008年，国家向电信、移动、联通3家运营商发放3G商用牌照，中国终于迎来了3G时代。已有的先进技术搭配海外积累的宝贵经验，华为调转船头在国内一展拳脚。以中国电信为例，截至2009年，华为协助中国电信在全国10个省、35个地级市完成网络替换，共替换11670套设备，替换完成率90%。

可以说3G时代，华为布局遥遥领先于国内市场8年之久，这也让华为在机会涌现时可以从容应对。

当全国人民还在津津乐道3G网络带来的便捷时，华为已经在摩拳擦掌开始布局4G时代。

2009年，华为与北欧电信巨头桑内拉电信（TeliaSonera）开通了全球第一个4G商用网络；2010年在国内初步完成实验技术验证，在上海世博会上得到了小范围的应用；2012年国内试点范围扩大，4G信号在全国14座城市部署试用。

在2013年年底国内4G正式发牌时，华为已和国内运营商做好了万全准备。截至2016年11月，华为帮助中国移动建成146万个4G基站，实现全国从城市到乡村的全面覆盖。在2017年，我国已有接近10亿的4G用户。华为也在这期间快速扩张，

第三章
前　瞻

在全球签订的4G商用合作有200余个,位列业界第一。

在经历了3G、4G的研发与应用后,华为尝到了技术领先带来的红利。这个过程中有超前发挥也有平稳输出,有突遇窘境也有柳暗花明,过程中华为可谓经历了一个企业所必须面对的多重险阻。但正是因为这样,华为在后来制定决策和发展方案时都会借鉴曾经的经验教训,曾经走过的路也无疑成了华为内部的一项财富。

提前10年的5G规划

2019年11月1日,中国5G正式宣布进入商用阶段,其速度领先全球。"华为技术"也第一次从幕后走向台前,第一次真正被大众熟知。

5G时代,网络信息传输速度得到了前所未有的提升,理论速度可达到每秒10GB,是4G的15倍之多。

通信技术的升级带来的绝不只是网速的增加,更值得期待的是5G技术赋能其他行业后产生的变化。世界将会大不一样,社交、娱乐等体验纷纷革新,自动驾驶、VR云游戏等未来场景将逐渐照进现实。华为正以超乎想象的速度,推动建设一个万物互联、智慧化的新世界。可以说,华为将基于5G的发展迎来更大的机遇,同时也会给各行各业创造出无限可能。

如今的技术领先得益于华为的超强布局,很难想象华为初次涉足5G技术研发是在2009年,也就是中国发放3G网络牌照的第二年。当通信市场上还都将目光聚焦在布局未来4G基站上时，华为就已开始计划研发5G技术。

2009年，华为成立通信技术实验室，正式启动关于5G通信技术的研究与部署。期间华为不露山水，只是在几个5G专有的网站向外界同步更新业内动向和技术进展等要闻。2011年，在世界移动通信大会（MWC）上，华为不动声色地演示了5G基站原型机Ultra-Node，每秒近50G的传输速度震惊全场。2013年，华为发布官方消息称："未来五年至少要在5G技术的研究与创新上投入6亿美元"，并争取在2020年实现5G移动网络的商用。

进入2014年以后，华为5G研发走向国际，与全球通信运营商合作的消息层出不穷：先后与阿联酋、俄罗斯、土耳其、西班牙等国的通信运营商签署合作备忘录（MOU）；2015年3月，华为与日本最大的移动通信供应商NTT DOCOMO签订合作协议，通过联合测试，共同验证新空口基础关键技术；2016年的MWC大会上，华为展示了与德国电信共同研发的首个5G端到端网络切片技术；同年10月，华为与英国沃达丰电信开展了首个密集城区5G真实应用场景的测试……

到2017年年初，华为已经实现了5G第一个商用版本的交付。在杭州5·17世界电信日演示上，华为第一次提出打造"5G第一城"的计划。活动当天，基于5G网络的支持，无人机视频直播、AR/VR演示、远程维修、1Gbps极致体验区等项目一一呈现，向世界展现了5G的巨大魅力。

华为能成为全球第一家率先掌握5G技术的公司，离不开

第 三 章
前 瞻

其技术投入的长期耕耘。据不完全统计，从2009年开始研发商用5G网络算起，华为已经在5G方面投入了40亿美元，并且这个费用每年还在不断增长。大额投入研发带来的结果是华为关于5G专利数量的独占鳌头。华为的5G研究覆盖了"2012实验室"中的材料、芯片、关键算法、散热工艺等多个领域。因此，华为5G方面的专利在行业中占比高达20%，其5G专利申请数为3147件，位居全球第一，而全球领先无线电通信技术研发公司——高通的专利数量为1293件，华为是其2.4倍。

华为不仅在5G网络专利方面表现突出，它还具备供5G网络成为现实的基站建造能力。华为经过对整个5G系统进行全面研发和技术攻关，在5G空口、网络架构、频谱使用、基站实现等多个领域取得了突破性进展。其推出的5G网络基站相较市面上的同类型产品，优势明显，具有更强的设备性能，不仅安装方便，简单易上手，而且价格更加便宜，比其他公司的基站便宜30%左右。这些优势可为各国运营商节约大量的场地协调和人工安装成本。

华为轮值CEO胡厚崑还透露，目前华为在全球已获取了50个5G商用合同，基站发货超过15万。随着全球5G商用进程的加速，近年来韩国、英国、瑞士、意大利、科威特等多个国家都完成了5G商用发布，而这其中的2/3都由华为协助完成构建。

从3G时代的落后，到4G时代的勉强持平，再到5G时代的全球领先，华为取得的每一份成绩，都离不开其为摆脱落后做出的前瞻布局。

华 为 兵 法：
华 为 战 役 的 2 6 个 决 策

力争上游,布局6G

华为在5G领域的领先地位目前仍未被超越,但坚信"宁愿超前,不能落后"的华为预测,5G的"保质期"只有10年时间,6G技术预计将在2030年之前到来。所以早在5G商用的两年前(2017年),华为已开始着手研发6G技术。

2019年,华为在加拿大的渥太华启动6G移动网络的相关研究。过去十多年来,华为一直跟加拿大的13家大学及科研机构合作,联合研发前沿技术,而这次和华为共同参与6G研发的实验室也是华为全球研发四大核心机构之一。对此,有消息称,华为至少投入5000万加元到这一实验室。

在5G尚未得到完全开发利用的今天,对于6G,大多数人都缺乏一个清晰的概念。按照清华大学信息学院副院长崔宝国的解释:"6G的网速最高可以达到1000Gbps,延迟还不到100μs,网速至少是5G的50倍。"但6G的世界究竟是何样,站在2022年的角度依然难以预测。但可以明确的是,6G时世界将会迈向"太赫兹"时代。太赫兹❶是频率处于100GHz到10THz之间的电磁波,也就是处于微波和红外波段之间。这一数字意味着6G将承载更多的数据量,换句话说,5G网络的频段为3.3~4.2GHz、4.4~5.0GHz、24.25~29.5GHz,而高出此数据数十倍的6G必定拥有更快、更畅通的网速。

---

❶ $1THz=1\times10^3 GHz=1\times10^{12}Hz$。

数据承载量的巨大增长也说明在6G时代对云服务的要求也会更加严格。存储性能、安全保证都会成为研发的重点。加上6G将是真正全球覆盖的网络，那时需要"融合陆地无线移动通信与中高低轨道的卫星移动通信，以及短距离直接通信技术，甚至还要融合通信以外的信息技术，包括计算、导航、感知、智能等。通过智能化移动性管理控制，建立空、天、地、海泛在的移动通信网络，实现全球泛在覆盖的高速宽带通信。"

只有技术发展到这种程度，才能实现全球网络无缝覆盖的目标。那时，现在不能实现的场景都会成为可能，比如在非常偏僻的地方，远程医疗、无人驾驶汽车/飞机等都会变得更加司空见惯。

2021年，华为轮值董事长徐直军表示，华为将在不久的将来发布6G网络白皮书，携手各大通信企业共同制定6G网络技术标准，届时也会向全世界做出解释，到底什么是6G网络。虽然华为6G还处于场景挖掘和技术寻找阶段，但在任正非看来，华为将一直研发6G技术，它的6G也会如5G一般，领先世界。

第三节

决策10：全球五朵云之一

进入千禧年以来，互联网产业得到了空前的发展，但受硬件限制，计算机却经常出现资源缺乏的情况，于是人们提出了一种计算机资源共享新方式——"上云"，通过将资源的统一整合与再分配，实现资源的灵活调用。

2006年，亚马逊和谷歌先后提出"云服务"计划，后者则明确提出了"云计算"（Cloud Computing）这一概念。可以说，云计算的大范围应用，将成为互联网领域的第三次革命，"云"的发展将成为大势所趋。

这一时期，华为在国内外的发展都迎来了较大突破，并在发展核心技术的同时铆足精力寻求产业突破。任正非前瞻性地意识到互联网的新趋势必定在云计算这一领域，于是顺势而为，决定拓展业务，加速互联网行业进程，启动云计算战略，将研发延伸至云端，以寻求多元化的发展。

在前期，华为先探索了如何让云计算和其产品结合得更好。比如，在研发服务器产品时，面向云计算环节做出大量优化，对硬盘、SSD、内存都进行了有效的分配和调度，使其既能解决存储的容量问题，又能够提升计算效率。另外，为保证云计算的畅通，华为做了大量的网络优化。例如，卸载CPU，使网络处理不需要CPU，仅通过一个智能网卡就能完成，避免了储存过载造成流量卡顿。

2011年11月，华为在云计算大会上宣告发布"云帆计划2012"，明确提出云计算将按大平台、促进业务和应用的云化、开放共赢的三大战略行进。

大平台便是指华为将在原有具备IT解决方案能力的基础上，构建起属于自己的"华为云"。华为云作为华为的云服务品牌，会将华为30多年在ICT领域的技术积累和产品解决方案开放给客户，致力于提供稳定可靠、安全可信、可持续创新的云服务。

第 三 章
前 瞻

促进业务和应用的云化,即通过"云应用(应用平台)+云终端"的业务拓展模式,向客户提供一份以移动性、融合视频、云协为特征的统一通信与协作产品和整体解决方案。华为云 Stack 便是其中一个例子,它为政企客户提供在云上和本地部署体验一致的云服务。通过将传统业务云化,加以大数据分析与 AI 辅助,满足建设大规模城市云与行业云等不同业务场景的客户诉求。

在开放共赢方面,华为紧抓云计算与 ICT 产业大融合的历史机遇,成立单独企业业务 BG。并在这一领域纵向建立了多个关于云计算的数据中心。截至 2011 年年末,华为已与 33 个国家的 85 个机构开展了云计算商用合作。2017 年,华为云正式向外界发布,在政企客户中广受好评,迅速跃居中国政务云第一。

华为云计算战略布局逐渐清晰。2015—2019 年的五年间,华为共投入 10 亿美元,陆续在通信能力、云计算能力、软件开发能力、人工智能能力、鲲鹏计算能力方面进行全面开放,在全球建立起了 21 个开放实验室,在云计算的基础上打造创建华为开发者中心和华为云学院等辅助措施。除此之外,华为还通过平台工具、培训赋能、成果孵化、创新基金途径支撑协作能力,帮助开发者提高技能、加速创新。

2019 年全联接大会,华为正式发布面向企业的云数字平台"沃土",以华为云服务为基础,通过优化整合新 ICT 技术,融合数据,从而使得客户实现业务协同与敏捷创新。这是业内唯一规模化商用的数据融合平台,联接 OT 系统和 IT 系统,助力数字化全联接,突破企业跨云跨网数据融合技术,

华 为 兵 法:
华 为 战 役 的 2 6 个 决 策

达成实时信息掌握。

截至2020年，全球500强企业中有253家都与华为达成合作，通过沃土数字平台完成数字化转型，涵盖金融、交通、汽车制造等众多领域。包括新浪、网易、爱奇艺等多家国内知名互联网，都是华为云的重要客户。在政务方面，华为为国家提供了600余个政务云平台，全国65%的省级医保平台都得益于华为云提供的解决方案。《中国公有云服务市场（2020第四季度）跟踪》报告显示，华为云在2020年第四季度以17.4%的市场占有率位居中国云计算市场第二，仅次于阿里云。放眼全球，华为在非洲、亚太、中亚、欧洲、拉美、中东等全球多个地区也都有平台合作，扶植超过10亿美元规模的开发者伙伴项目，与亚马逊、微软、阿里巴巴、谷歌并称"全球五朵云"。

5G时代，云计算被赋予了更多的价值，产业数字化转型走到了爆发的拐点，各类新技术的进一步融合势必产生质变。华为在势起之前已做好准备，未来将取得新的成就。

第四节

决策11：着眼芯片，掌握未来硬实力

中国是世界最大的芯片消费国，几乎全球一半的芯片需求量都来自中国。然而如此庞大需求背后，是90%以上的进口依赖。

2019年美国公布的"实体清单"，让我们猝不及防。痛定

思痛的同时，中国进一步意识到自主研发的重要性。因为起步晚，中国在芯片领域一直处于追赶状态，即便是今天，依然落后于先进国家。好在中国企业从未放弃，华为十多年前的布局逐渐展开，"中国芯"的跳动从未停止。

"备胎"一夜转正

2019年5月17日，受中美贸易战影响，美国商务部工业和安全局（简称BIS）对华为采取了一系列制裁措施，其中包括将华为及其68家子公司正式列入"实体清单"，并禁止高通、英特尔、安森美、泰瑞达在内的众多美企向华为出售相关技术和产品，甚至联邦快递都被要求禁止向华为提供服务。

这意味着华为只有在获得BIS许可证的前提下，才可以购买美国技术以及进入美国电信网络。禁令一发布就在国内外的通信行业引起了不小的波动，紧接着"Google停止合作""90天临时许可"的新闻接踵而来，一时间华为再次被推到风口浪尖。

华为有约三分之一的核心供应商都来自美国，因此不少媒体都对此事抱悲观态度，认为过不了多久，华为就会因供应链断裂而无货可卖。但不同于媒体的消极预测，任正非在后来接受采访时以一句"美国制裁对我们有影响，但不大"言明华为的态度。

任正非的话看似"豪言壮语"，也并非空口无凭。在制裁消息公开的当晚，华为海思总裁何庭波就在凌晨致信全体员工,她表示,华为从十多年前就已开始"按照极端情况进行备战、建立备胎",美国禁令固然突然,但华为依然做好了迎战的准备——"今天,所有我们曾经打造的备胎,一夜之间全部转'正'!"

在2019年第三季度,也就是在美方提供的90天缓冲时间内,华为自研芯片在手机中的使用率上显著提高,高通提供的骁龙芯片在华为手机中的占比不足10%。就像任正非所说的一样:"华为的备胎要像原子弹一样,从不轻易启用,一旦实施便惊天动地。"

三十年的布局

芯片的重要性不言而喻,但放眼全球,我国在芯片技术上远落后于三星、高通和英特尔等巨头企业,国内智能制造领域芯片供给仍依赖进口。根据我国海关总署提供的进出口数据,自2018年起,我国每年芯片进口的金额都在3000亿美元之上,超过石油跃居进口榜单第一,更是在2020年创新高,达到了3500亿美元。

以手机为代表的智能终端,其高速发展让所有人都意识到芯片的重要性,华为作为一家高新技术企业,要想在竞争中独占鳌头,无疑得掌握自己的芯片技术。

事实上,从20世纪90年代起,一方面华为从国外进口先进芯片及部件应用于产品,另一方面芯片作为华为内部的一项重要工程，被技术人员不断推进向前。

1991年，华为设立集成电路研究中心，并在同年成功研发出第一款芯片——SD502；两年后，完全自主研发的芯片SD509也顺利面世。在这两款芯片的加持下，尤其是SD509和C&C08万门机的珠联璧合，使华为在交换机行业成功站稳脚跟，并实现销售额的大幅度突破。

两款交换机芯片的成功研发，意味着华为的芯片技术从无到有，实现了从无知到逐渐摸索出道路的新状态，这一时期也迎来了自主研发的体系化和规范化改革。1995年3月，华为成立中央研究院，分管基础设备、交换机、智能、无线、新业务五个研究方向，其中基础研究院主要负责其他四部门所需芯片的自主化研究。

随着体系化的不断完善，华为的芯片研发迎来"井喷期"。SA系列和SD系列等数十种芯片陆续生产面世，涵盖交换机、通信基站等多个领域。基于此，华为也一举成为当时中国最大的芯片设计公司，拥有芯片自主研发的核心竞争力。

2002年12月，一场旷日持久的官司在华为和思科中间打响。任正非从这时开始意识到，只有在技术上真正取得独立，才能避免未来更多类似的"误会"，实现"为主航道保驾护航"。2004年10月，华为的集成电路设计中心宣布独立，成为全新的海思半导体公司。其英文名"HiSilicon"实际上就是Huawei Silicon，华为半导体的意思。

海思的成立，对于华为基于主航道的业务扩张提供了技术支持，也正是海思的成立，华为在芯片领域才实现了垂直化的不断研发。

华 为 兵 法：
华 为 战 役 的 2 6 个 决 策

成立之初，海思主要负责SIM卡芯片、视频监控芯片、机顶盒芯片等相对简单的芯片设计。2006年，受国内手机市场崛起的浪潮影响，海思开始着手手机芯片的研发。但当时华为和海思的发展呈现平行化，并没有实现海思为华为专供芯片的最初设想。直到2011年，华为高层在电话会议中正式提出"发展终端"的战略布局，海思才和华为手机的P系列产生交叉，但由于起步晚，芯片技术仍处于追赶状态，彼时K3系列手机芯片并未在市场取得优势。

2013年，手机芯片进展无果的海思，已是全球高端路由器市场份额最大的芯片供应商，同期在安防领域，其芯片也占据世界市场近90%的份额。

2014年年初，麒麟系列手机芯片的横空出世，开启华为手机芯片的新纪元。从麒麟910到麒麟990，华为在追赶的过程中，一步步实现自己的技术反超。2017年，华为手机出货量约1.5亿台，其中7000万台搭载了自主研发的麒麟芯片，尤其是麒麟980，采用全球首个7纳米工艺，其性能在当时安卓市场冠绝一时。

在国内同行普遍倚赖美国高通的骁龙芯片时，华为已经利用麒麟系列芯片的陆续推出，突破产业垄断，依靠自主研发独当一面。市场研究机构DIGITIMES Research发布的2018年全球前10无晶圆厂IC设计公司（Fabless）排名中显示，海思正以75亿美元的营收在全球排名第五，位列博通（Broadcom）、高通（Qualcomm）、英伟达（NVIDIA）、联发科（MediaTek Inc.）之后。

在华为被列为"实体清单"三个月后，华为又宣布支持

第 三 章

前 瞻

全场景的人工智能应用的AI芯片昇腾910即将正式商用；而在2020年年初时华为还接连推出计算机领域的鲲鹏系列芯片和关乎5G技术应用的巴龙5000基带芯片。高密度、全范围的芯片"轰炸"，确实像原子弹一样震惊了世界。

长路漫漫中国芯

除了主要芯片华为已实现自主研发之外，华为还打算采购国产的其他厂商芯片来作为替代品。这就意味着整个国产集成电路产业也都需要投入更多的人力、资本。

根据相关网站的初步统计，华为在消费者BG、运营商BG、企业BG以及海思等部门的主要产品线中，除了磁盘存储业务完全产业缺失，必须从希捷、西部数据等公司进口硬盘、磁盘阵列之外，其余产品线所需进口的器件、软件均能找到国产替代产品。不过，国产性能参差不齐，尚不能完全满足华为的需求。

比如在消费级市场中，原本靠进口高通的基带和AI领域就被海思的麒麟所完全替代；运营商业务中原先依靠TI和赛灵思的DSP和FPGA芯片也基本实现天罡基站芯片的完全代替；以及企业业务中，被博通所垄断的交换芯片已经被海思的Solar系列NP完全替代。

即使这样，整体来看，承担着"备胎"使命的国产集成电路产业还有很长一段路要走。现在只有海思自己研发的芯片可以实现完全代替华为进口芯片，其他厂商目前仍处于发展状态。对此，曾有从业人员在采访时直言："国内产品要与华为协同研发，从最初的研发方案对接、器件库参数仿真、测试、修改各个环节都要参与进去，而且要跟上华为的节奏。"

这说明，无论对华为还是国产芯片而言，未来都需要长时间的磨合，双方都需要快速度过磨合期。针对这点，华为主动做出产品性能、市场竞争力的牺牲，加大了国产厂商芯片的业务量，并且积极与之开启研发层面的合作。

截至2020年，华为至少有千余名来自数学、物理学、化学等领域的专家，以及数万名各领域高级工程师和工程师参与中国芯的研发之路。

从1991年华为成立ASIC设计中心算起，到2021年，华为的芯片研发之路已走过30年。它从一无所有到完全自主研发，再到行业领先，可谓高瞻远瞩，也可谓始终坚守。在2020年，相关国内分析机构最新发布的月度半导体产业报告显示，华为海思已超越高通，在中国智能手机处理器市场的份额达到43.9%。这是华为研发实力的象征，只有掌握芯片核心技术，才能在未来技术洪流爆发中岿然不动。

第五节 决策12：共建生态，打造软件根实力

2019年，华为被列入"实体清单"，谷歌随即宣布停止与华为的大部分合作，这意味着Google Play、YouTube和

Chrome 浏览器等热门软件将不会出现在华为手机上,但最为致命的莫过于安卓操作系统。

根据华为公布的数据显示,2018年华为消费者业务营收为3488.5亿元人民币,占总营收的48.4%,其中大部分为智能手机营收,而这些智能手机无一例外地都采用谷歌提供的安卓操作系统。虽然很长一段时间内华为仍可以通过开源协议获得安卓操作系统,但是谷歌将停止向华为提供技术支持和有关其专有应用程序和服务的合作——华为手机将无法获得安卓操作系统更新。

缺少自有系统则处处受限,是国内终端市场不争的共识。但华为早有布局,在全力推进应用于移动终端的鸿蒙操作系统的同时,还以芯片为核心,联合国内其他企业共同建设计算机领域的鲲鹏生态,力求打造国产软件的根实力。在生态助力下,任前路艰险,华为并不孤单。

万物互联的鸿蒙生态

2019年8月9日,在东莞松山湖开发者大会上,华为面向全球,正式公布了筹备已久的鸿蒙操作系统(HarmonyOS)。所谓"鸿蒙",即洪荒之初。华为以此命名,其寓意是国产操作系统迎来了新的开端。

关于华为终端操作系统的研究,最早可以追溯到2012年。出于对国外环境的担忧,以及安卓系统与华为适应性上存在的诸多问题，当时华为一直在筹划国产替代的应急计划，以备将来不时之需。任正非在一次采访中说过："我们做终端操作系统是出于战略考虑，如果他们的Android不给我用了，Windows Phone 8也不给我用了，我们不就傻了？我们做操作系统，和做高端芯片是一样的道理。主要是让别人允许我们用，而不是断了我们的粮食。断了我们粮食的时候，备份系统要能用得上。"以这种不露声色的方式透露出华为超前的战略布局。

此后，业内再无相关讨论，实际上，关于终端操作系统的研发，"2012实验室"一直在进行，直到2016年有十足把握后，才重回大众视野。

2016年5月，华为内部正式立项，着手分布式操作系统的研发，耗时一年完成1.0版本，并同步开启2.0版本；2018年年初得到内部大量投资，成为消费者BG的主要项目之一；2018年年末注册"华为鸿蒙"商标，确立了操作系统的名称。

2021年6月2日，备受瞩目的鸿蒙操作系统正式面向消费者发布，出厂4年内的华为终端设备都将陆续得到升级。对于华为来说，软件根实力的发展，使其摆脱了谷歌断供后的窘境，扭转了之前终端业务因断芯产生的颓势；对于国家来说，这是中国信息产业具有里程碑意义的一件事，代表着国产智能操作系统已迈出坚实的一步，苹果、谷歌、华为三足鼎立的局面正在形成。

当然，没有生态的操作系统注定是一潭死水，华为在提供土壤的同时，也在积极促进种子落地。在应用软件上，鸿蒙

第三章
前　瞻

系统的基础构架被全部开源，每一个厂家都能平等地获得核心代码，根据诉求去做产品研发。这是生态共建的基本要求。

而区别于安卓和iOS的重要一点是，鸿蒙系统不仅能应用于手机、平板等移动终端，更重要的是它可以将人、物、景有机地连接在一起，打造出一个万物互联的智慧场景。例如，与硬件厂商合作，将鸿蒙系统搭载到烤箱、空调、台灯等家电设备上。借助鸿蒙系统，不同硬件设备之间不再孤立，只需拿起手机轻触，就能将其他终端与手机无缝连接，形成一个功能完备的"超级终端"。鸿蒙无疑打通了一条通往智慧未来的新道路。

在鸿蒙发布后的一个月内，就有上千家硬件厂商与华为展开合作，300余家软件服务商参与到鸿蒙生态的建设中。截至2021年年底，搭载鸿蒙系统设备数突破2.2亿台，其中有1亿台新增设备来自鸿蒙智联的生态之中。

全球第三大移动生态系统正在崛起。

软件温床的鲲鹏生态

和移动端操作系统一样，计算机领域的国产基础软件也起步较晚。这对于频频被"制裁"的中国科技产业来说，前景不容乐观。华为在自己的能力范围内推动国家高新产业的发展，把被英特尔、AMD等封死的计算机产业撕开一道缝隙。2019年，华为首次发布了专门为PC打造的"鲲鹏"处理器,并宣布"以鲲鹏和昇腾处理器为核心,贯穿整个IT基础设施及行业应用,包括PC、服务器、存储、操作系统、中间件、虚拟化、数据库、云服务及行业应用等在内的'鲲鹏生态'雏形已现"。

简单来说,华为将重点放在创建平台和提供服务上,通过向全球开发者提供自身产品、工具以及技术等创新资源,助力对方去获得持续成长与成功。其目标是通过产品、赋能、联盟、社区和激励五方面升级生态伙伴,像黑土地一样滋润伙伴成长,并为世界提供普惠的算力。

2015年和2019年华为分别推出沃土1.0与2.0两项计划。沃土计划是一项开发者使能计划,这项计划是指华为未来将坚持聚焦ICT领域,尽最大可能向客户开放自己拥有的ICT能力,面向运营商和市场打造开放环境和使能平台,以帮助客户业务创新和满足其业务需求,从而实现双赢。

有了鲲鹏生态的支持,包括中兴科技、中国电子、武汉深之度科技、南京诚迈科技等在内的国内多家科技企业联合在一起,以"抱团取暖"的方式再次向计算机操作系统发起冲击,推出了UOS操作系统。到2020年,UOS已实现了对鲲鹏生态的完全适配,并适时地推出了首款国产个人电脑——鲲鹏台式机。虽然从整体性能及操作流畅度来说,这款电脑还有很大的进步空间,但其问世依然像一支强心剂,推动了国产PC的发展。

除此之外,还有基于鲲鹏云服务的"鲲鹏凌云伙伴计划"、基于华为昇腾芯片的Atlas人工智能计算平台的"昇腾万里伙伴计划"以及培养ICT人才的"人才联盟-ICT学院"

第 三 章
前 瞻

等多个下设项目。这些项目都帮助华为实现了"开放、合作、共赢"的生态外延发展目标。

目前，华为鲲鹏产业生态已发展成为聚合伙伴、开展应用示范、培养产业人才、孵化产业标准的新模式。华为围绕与鲲鹏相关的产品和服务构筑软件生态并赋能，打造出一系列集技术支持、知识共享和产业互助为一体的华为鲲鹏社区，与客户、伙伴、开发者共建开放共赢的鲲鹏生态，致力于加速鲲鹏的产业化进程。其涵盖软件生态、产品服务、解决方案、应用市场、合作计划、鲲鹏论坛、学习认证、鲲鹏实验室等多个板块。为使生态体系操作方便，华为基于自身技术和产品及服务，还在全国各地推广打造鲲鹏产业生态基地。

总的来说，无论是鲲鹏生态基地，还是各类伙伴计划的实施，都在为强化鲲鹏生态奠定基础、牢固体系。鲲鹏生态的发展还在一定程度上带动了国产系统在行业应用的落地，共同构建起领先于IT基础设施及行业应用的计算产业生态。

无论是鸿蒙还是鲲鹏，中国软件产品的缺失，迫使华为在多年前开始积极布局，以求在必要时刻能够应对。2019年及以后越发紧张的国际贸易局势更是倒逼国产替代的加速落地。也正如海思总裁在致员工信中所说的那样："前路更为艰辛，我们将以勇气、智慧和毅力，在极限施压下挺直脊梁，奋力前行！滔天巨浪方显英雄本色，艰难困苦铸造诺亚方舟。"国产替代的洪流势不可当。

华 为 兵 法 ：
华 为 战 役 的 2 6 个 决 策

华为兵法：
华为战役的
26个决策

HUAWEI

第四章

变革

华为从深圳写字楼上一家不足50人的小作坊，成长为今天超过20万人的全球通信技术行业领导者，企业生存和发展的方式也发生了根本性的变化。

而推动公司前进的最主要因素便是机制和流程。摆脱对资金的依赖、对技术的依赖、对人才的依赖，建立合理的管理机制，使企业的成功从偶然走向必然。

第一节 危机感驱动前行

"十年来我天天思考的都是失败，对成功视而不见，也没有什么荣誉感、自豪感，而是危机感。"这是任正非的原话。有人说华为今天的成功是因为它把危机都一一走过，也有人说华为遭遇的危机比它所取得的成就要多出许多。

2000年到2003年，华为经历了刻骨铭心的寒冬期。其中既有全球互联网泡沫带来的外部压力，也有战略决策失误造成的内部危机。

华 为 兵 法：
华 为 战 役 的 2 6 个 决 策

2000年，美国网络科技泡沫破裂，IT产业突然之间成为众矢之的。此时已将业务打入美国市场的华为也免不了遭遇挫折。但华为并非无路而走，按照原本设想，国内市场还有机会。一是因为华为在国内原本就有不错的业务，二是中国市场环境并未受到美国经济危机的影响，产业活力尚存。

但实际上，华为在国内的发展也遇到了困境。为应对全球通信行业危机，任正非在2000年提出"鼓励老员工内部创业"的计划，即华为提供资金和技术，鼓励自己的员工出去创业。这本来是件好事，但时任华为副总裁的李一男选择出走，给华为带来不小的冲击。

祸不单行，华为在2001年又面临战略决策失误的后果。为了快速发展，华为采取了最直接的扩张方式，即扩充人才。在国内外大小公司都在节约成本、裁员减资的时候，华为却在人才市场上开展"万人大招聘"。看似是"逆行突围"，实则加重了困境。危机带来的是销售量的下降，在业务量不如以往的时候，强行扩张必定会增加成本支出，这无异于雪上加霜。

而此次招聘的"万人"，几乎全部都投入到3G技术的研发之中。但意料之外的是，国内的3G牌照迟迟不发，运营商纷纷将小灵通作为业务扩展的重点，这意味着华为的投入在短时间内得不到任何回报。

经营压力接踵而至。2002年华为的营收第一次出现负增长，这意味着当年的目标收益是330亿元，但实际只完成2/3，还有110亿元的空缺。没有达成期望目标，预算却比以往更高，

第四章
变 革

这就造成了资金问题，威胁到华为日常业务的开展。2002年成了华为人心中永远的记忆，当时无数员工主动申请自动降薪来维持公司的正常研发活动。

用寒冬般难熬来描述这样的境况毫不为过。第二年，华为又陷入一场焦灼的国际诉讼中。

2003年1月24日，思科对华为提出诉讼，指控华为侵犯其知识产权。该诉讼涉及8大类、21项侵权指控，具体诉讼内容有70余页之多。其中最主要的是华为源代码侵权和技术文件及命令接口的相似性。至于原因还要追溯到它们过去的竞争。

1984年，思科成立于美国旧金山，1997年跻身全球500强，并在2000年力压微软，以5400亿美元成为全球市值第一的企业。

起初思科倚靠技术优势，在中国互联网的接入服务器方面呈垄断地位，但这一地位被日益兴盛的华为打破。后来随着华为在海外市场的影响力不断增加，思科开始正视这家突起的企业。

面对华为的发展，2002年6月，思科总裁钱伯斯成立专门"打击华为"小组。后来便有了这场诉讼。

当时的中国正值春节，突来的噩耗让所有高层集在一起召开紧急会议。打还是不打？打，跨国官司耗时又耗力，而且对手又是思科这样的行业巨头，一旦输了要赔一笔巨额的赔偿金不说，进入美国市场更是无望。不打，不可能。

既然如此，任正非只得前往美国应战。2003年3月17日，第一次听证会在美国开庭。钱伯斯以媒体造势，指认华为侵权,在舆论的引导和思科的公关下,被动的华为惨败而归。但华为积极总结经验教训,在第二次诉讼前,华为更换律师团队,拉拢民间群体,打造了一条以华为为首的统一战线,最终和思科平分秋色。僵持过后,在同年十月,二者达成和解,并于次年下半年正式和解。因为这场诉讼,华为没能进入美国市场,但也让华为在国际提高了知名度。

除了以上种种困难,任正非还深受自己母亲的意外去世和自己抑郁症的双重折磨。身处这般情景,任正非反而比以往更加平静,他明白现在的情况已经够坏,因此"小输便是赢"。

痛定思痛的任正非开始沉静下来想办法逐一解决问题。针对资金链的断裂,他以约60亿元的价格向美国的艾默生公司出售了华为的通信电源业务,在一定程度上弥补了空缺。对于"自己人"的背叛,他采取步步紧逼的方法,让李一男的港湾网络无法运营下去,只得在2006年时选择被华为收购。

2008年,恰逢中国3G牌照正式发放。华为紧抓时机,凭借在海外积攒的经验和口碑,一举拿下国内的市场。

虽然华为渡过难关,但过去严冬的寒冷还是让任正非乃至整个华为都时时处于居安思危的状态之中。基于这点,任正非在《华为的冬天》一文中提到,"失败这一天是一定会到来的,大家要准备迎接,这是我从不动摇的看法,这是历史规律。"

任正非一直强调危机意识对华为的重要性。他认为只有身怀危机意识,华为人才能以一种积极的心态去面对公司发展仍需前进、产品竞争力不够强的现实。也只有身怀危机意

第四章
变 革

识,华为人才能始终践行以客户为中心的理念。

美国《财富》杂志报道过一组让人惊心的数据,美国中小型企业的平均寿命不到7年,大企业平均寿命也不足40年。而中国的中小型企业平均寿命只有短短2.5年。时代快速发展,一批一批的企业倒下,也有一批一批的企业成长起来。基业长青,不被市场淘汰并持续具有竞争力几乎是每一家企业的追求。

保持危机感,不断变革进取,是基业长青的根本法则。正如比尔·盖茨说"微软离破产永远只有18个月",任正非也一直保持"下一个倒下的会不会是华为"的警惕。正是基于这样的风险意识,华为人始终紧绷一根弦,经历了一次次变革创新、自我蜕变。

第二节 决策13:企业立法

1998年,历时三年之久,《华为基本法》得以确立。这是华为发展历史中具有巨大影响的重要变革。

萌芽:从核心价值观探索到鞍钢宪法

从1987年正式注册算起,到1995年,华为已成立7个年头。在这7年里,任正非带领初创时的14名员工一路披荆斩棘，把公司规模扩充到了800人。1996年，人数又在此基础上往上翻，突破2000人，后来华为的员工数量越来越多，到了1997年达到5600人。整体销售收入也实现了从初始资本的21000元到25亿元的新突破。从小作坊到大公司，华为在不断向前发展的同时也迎来了新的挑战。

高歌猛进的背后，是所有员工的努力和付出。据说，当时每个员工的桌子底下都备有一张行军床，以备晚上加班太晚可以直接睡在公司。而任正非也是极度信任员工，为了快速解决问题，避免烦冗的报告程序，他给一线员工充分授权，让他们可以最大限度地发挥功用。这一点，任正非在题为《一江春水向东流》的文章中明确表示过："我是听任各地的'游击队长'们自由发挥的。其实，我也领导不了他们。前十年几乎没有开过办公会之类的会议，总是飞到各地，去听取他们的汇报，他们说怎么办就怎么办，理解他们，支持他们。"

这种野蛮式成长，让华为在短期之内得到迅速发展，但随着公司规模的扩大以及业务的广泛开展，毫无章法的弊端开始突显。由于缺乏统一管理，基层的每个人都按照自己的想法行事。虽然在创业初期，无组织的作战方法产生了积极的影响，但随着公司团队的不断扩大，很多员工出现了不服管、不听管的情况。

一方面，老员工不服从管理，管理难度增加；另一方面，由于业务量增加，又反过来迫使团队不断引进新的人才。新旧交替，团队成员数量急剧上升，这进一步激化了管理上已有的矛盾。

第四章
变 革

除了员工的管理问题,这时候的华为还面临着运作上的问题。当时,华为内部也曾采取办法想要推动公司的现代化作业,1995年,为了提高运作效率和顾客满意度,打算在全公司范围内推行ISO 9001标准,实现整体业务的流程化、规范化。但是,问题来了,如何界定各个部门的职责和权限?具体到每个岗位又该如何?若是一切按流程操作会不会导致程序僵化?

面对种种问题,任正非亟待寻找到一个可以帮助华为摆脱目前困境的有效办法,使之可以持续成长。他有了确立一套切实可行的管理大纲的想法。

前面提到华为内部存在管理上的问题,其实,在公司成员的价值创造、价值评估、价值分配问题上也存在标准模糊、难以明确的问题。

当时,华为为了应对市场需求,在人才市场上大量招兵买马,尤其是吸纳了不少来自各个大学的优秀人才。这些人才由于学历或水平比较高,往往一来便居于领导之位,按理说有能力者居于高位本属正常,但"空降兵"的突然来临还是让很多华为老员工伤了心。加上人员大多背景不同,每个人的想法都有差异,甚至上下级的交流都会出现理解上的偏差。

面对思想难以统一的问题,任正非提出了确立"核心价值观"的想法。除了想要使公司上下统一作风,形成一致价值观念外,还想通过这一价值观的输出,构成长久有效的企业文化。比如IBM的"尊重客户理念"、HP的"尊重员工""追求最好"等,企业凭借其文化内核保持成长的不竭动力,形成

华 为 兵 法:
华 为 战 役 的 2 6 个 决 策

稳固的企业保护罩，足以应对外在环境的多种变化。

任正非认为华为也迫切需要类似的核心文化观念。只有具备核心文化，企业才能规避矛盾，上下一心，才能团结起来，共同作战。也只有具备核心文化，华为才能实现从0到1的"一次创业"顺利过渡到从1到N的"二次创业"。

核心的企业文化给华为的二次创业提供了持续成长的驱动力，只有具备所有人共同认可、奉行的核心价值观，一个企业才能越过成长过程中的各种陷阱，才能冲破外在环境变化和内在矛盾冲突的挤压，清醒地依靠企业经营发展战略的牵引，成为百年老店，成为长寿公司。

为了确立这一核心价值观，1995年9月，华为发起了一场"华为兴亡，我的责任"的企业文化大讨论。但是这次讨论的效果并没有达到预期，甚至任正非批评大多数人奉行的"有福同享、有难同当"是封建意识时，还引起了很多人的不理解。这次讨论暴露出的问题是很多公司高层、中层干部尚未达成对企业的使命追求、核心价值观的认知共识。

基于这次尝试的失败，任正非越发想要将之前确立管理大纲的想法付诸实践。

任正非曾在1974年应征入伍，成为辽阳化纤总厂的基建工程兵。当兵期间，他曾担任过技术员、工程师等职。后来还因表现出色，出席过1982年的中共第十二次全国代表大会。9年后，随着国家精简整编军队的号召，任正非所在的基建工程兵种被撤销，他也复员回了深圳。

创立华为后，军人出身的他深知，若想领导团队，就必

第四章

变 革

须紧抓问题的关键与要害。军队如此,那具化到一个企业呢?该如何制定切实可行又人人能懂的制度呢?这时,他想到了"鞍钢宪法"。

早在1960年3月11日,中共鞍山市委向中央报送了《鞍山市委关于工业战线上的技术革新和技术革命运动开展情况的报告》。毛泽东在批示中高度评价了报告中鞍钢总结出来的经验,并将之称为"鞍钢宪法",呼吁全国工厂推广学习。

华为公司高级管理顾问吴春波曾在内部报刊中提到:"公司的成长与发展,需要纲领性的理念、政策与文化。"这和"鞍钢宪法"不谋而合,因此,任正非想要打造出一套适用于华为的"宪法"。

但是,在任正非看来,该"宪法"不能只为约束员工的不当行为,而是要成为一部囊括华为的文化价值、战略决策和未来发展方向的根本"宪法"。当时,正值香港回归,国家出台《中华人民共和国香港特别行政区基本法》。"基本法"三个字牢牢抓住了任正非的视线,在后来的一次会议上,他做出华为要制定企业基本法的决定。

"人大六君子"临危受命

有了确立《华为基本法》的想法,接下来就是具体实施。

可是如何实施成了新的难题。任正非本想让最了解公司情况的总裁办主任陈小东来主持开展这一事宜。但是由于只有概念，陈小东也不知道如何是好，便直接把包含了管理制度、薪资标准等在内的公司主要文件整理成册，贴上"《华为基本法》"纸条后拿给了任正非。

看到这份集装报告，任正非又生气又无奈。生气的是底下人竟如此应付了事，无奈的是即使是他也不知道究竟该怎么办。思考再三，最终他决定：让人大教授试试。

因此，原本在华为做管理咨询工作的彭剑锋、黄卫伟、包政、杨杜、吴春波和孙健敏六位人大教授，承担起了研究《华为基本法》的准备工作。这六个人中有四位博士、两位硕士，平均年龄只有35岁，外界称其为"人大六君子"。1996年3月，他们六人组成了"《华为基本法》专家组"，专注于研究《华为基本法》的相关事宜。

"人大六君子"成立专家小组后，便直接进驻华为内部，和其他员工一起准备起草工作。

1996年12月26日，《华为基本法》的第四版讨论稿被刊登在当日出版的第45期《华为人》报上，这也是经过一年多的撰写研究，他们才最终完成的初稿。对于这份初稿，任正非格外重视，他要求所有干部职工把当天的报纸带回去，然后读给家人听，根据家人的反馈，再提出自己的意见和建议。

后来，这份初稿被改了又改，本来同样没有头绪的教授们也逐渐找到了方向，他们对于这部基本法也都提出了自己的想法。比如包政就提出：《华为基本法》旨在解决企业生存和发展的三个基本问题，第一是明确华为的使命、追求、愿景；第二是建立管理内部的规则体系；第三是确立华为独特

第四章

变 革

的文化理念。

但黄卫伟却提出不同意见。在他看来,华为已经过了生存阶段,因此《华为基本法》应该将目光聚焦在解决成长和发展过程上。同时,他也提出三个基本问题:华为为什么成功?现在如何维持成功?未来还能成功要靠什么?

彭剑锋则和任正非的想法一致,他们都认为华为目前处于二次创业阶段,应该重点关注眼下管理体系不适应企业发展、整体上下思想不统一的问题。简单来说,还是要重点放在价值观体系和管理政策系统上。

经过一次次的推翻讨论,专家小组最终确定了《华为基本法》应包括六大命题。

第一是追求命题。他们也将这一命题视作《华为基本法》的基本命题,那就是华为现在以及将来都将矢志不渝地投身通信行业。

第二和第三分别是人才和技术命题。既然华为坚持自主研发这一路径,那优秀的人才和先进的技术便是华为发展的重中之重,是置身于众多通信企业中而不败的根本保证。

第四是精神与利益命题。他们认为华为未来能够不断向前发展的关键一定是实事求是。同时他们也强调奋斗绝不是一个人的事,它和国家复兴、民族繁荣紧密相连。

第五是社会责任命题。他们认为这是华为作为企业义不容辞的责任,同时也是企业应有的担当。

第六是文化命题。这也是任正非在定稿后又加入的命题,在他看来,这是华为未来制胜的法宝,是华为能够脱胎于曾

华 为 兵 法:

华 为 战 役 的 2 6 个 决 策

经混乱状态的决胜一条。

到1997年年底,《华为基本法》已经修改到了第八稿。后来又经过了两次修改,才最终定稿。1998年3月23日,华为在内部召开了《华为基本法》审定会,正式宣布《华为基本法》完成。

从1995年想法萌芽,到1996年开始研究制定,《华为基本法》直到1998年3月才审议通过,前后修改数次,历时三年之久。《华为基本法》共涉及六大方面,共103条,总计16400余字。它作为华为发展的纲领,指导着华为向前发展。外界将《华为基本法》誉为中国现代企业中最规范和最全面的"企业法"。而华为企业立法这一创举也被无数新老企业效仿。

《华为基本法》内涵

对于《华为基本法》(以下简称"《基本法》"),任正非提出,"如何将我们十年宝贵而痛苦的积累与探索,在吸收业界最佳的思想与方法后,再提升一步,成为指导我们前进的理论,以避免陷入经验主义,这是我们制定'华为基本法'的基本立场"。

基于这一要求,《基本法》一开始便对公司的宗旨作出明确指示,将追求、人才、技术、精神与利益、社会责任、文化"六大命题"作为六大点来阐释华为核心价值观的内涵所在，既明确了华为人的核心价值观，又对经营、组织、业务流程、财政等多个方面进行了全面梳理和规范。

文化价值

让所有员工拥有一致的价值观是任正非认为华为彼时最应该解决的问题。除此之外，《基本法》在公司宗旨一章还对基本目标、成长方向、价值分配方面做出了明确的界定。

比如其中确立了产品质量优良、人力资本增值幅度超过财务资本、拥有超前核心技术以及追求可持续发展的合理利润的基本目标。同时，提出了可以凭借新技术进入新领域的未来畅想。最后宣布华为实行的是以效率优先、兼顾公平、可持续发展为原则的按劳分配和按资分配相结合的分配方式。可以说《基本法》的前二十条都在谈论整体意识的相关问题，让员工从上到下都对公司的文化有全方位的了解。

企业经营

光在思想维度达成共识还远远不够，任正非还希望所有华为人在具体决策中也能在这一纲领中找到依据。因此，接下来的第二十一条到第三十八条就针对企业经营做出了有关指导。

把经营决策放在公司宗旨后面，可见这一部分的重要性。实际上也的确如此。只有经营得当，企业才能永续发展，甚至向死而生。

《基本法》从经营重心、研究开发、市场营销、生产方式、投资理财五个角度，对华为的经营方向、模式，生产战略、布局以及投资战略和资本经营等方面给出了具体的条例规定。以第二十一条、第二十九条举例，前者指出华为的中短期经营方向将集中在通信产品的技术和质量上，强调重点各个突破、系统遥遥领先的方针，未来趋向进驻可以孵化大企业的中高端市场；后者指出华为的市场定位是要成为业界最佳的设备供应商，更是基于这一定位，提出了要配合发展品牌、营销网络、服务和市场份额的连带关键要素。

组织管理

经营决策的依据虽然是助力企业发展的重要一步，但是还不够，缺少完备的管理体系，华为依然不能摆脱混乱无序的状况。因此，华为对组织和人力资源系统也相应做出了具体的说明。

《基本法》中对华为的基本组织结构界定为："公司的基本组织结构将是一种二维结构：按战略性事业划分的事业部和按地区划分的地区公司。事业部在公司规定的经营范围内承担开发、生产、销售和用户服务的职责；地区公司在公司规定的区域市场内有效利用公司的资源开展经营。事业部和地区公司均为利润中心，承担实际利润责任。"简单来说，就是华为整体分为事业部和地区公司两大部分。二者独立运营，互不交叉，但在各事业部需要相关地区公司配合拓展业务时，彼此可采取会同或支持的方式进行。

先前对于"如何界定各个部门的职责和权限""具体到每

个岗位又该如何"的疑问，也在这里做出了解答。它指出建立管理部门的基本原则是职能专业化，并认为这一原则也可作为划分部门的依据。而当不同部门之间出现业务交叉时，应当在上一层级统一指挥和责权对等的原则下开展工作。

其中有一点不同于其他公司民主表决的程序，《基本法》规定，华为遵循"民主决策，权威管理"的原则。最能体现这一点的就是高层的重大决策。当高层需要对某一重大事件进行决策时，需要由其管理委员会充分讨论后才能通过，树立一种从贤不从众的决议意识。不仅如此，高层讨论前期会征求各方不同意见，但是决策一旦形成，便要实行权威管理，从上到下必须坚决贯彻执行。

各个部门又由无数员工构成，因此员工的管理也至关重要。大纲中规定要以公平、公正、公开的原则进行人力资源的管理。

行为、流程准则

《基本法》除了在统筹方面做出指导外，对于员工个人的行为也有基本的约束作用。

比如，规定每个员工都可以通过努力工作来获得职务或任职资格的晋升，根据考评结果，有能力者居之。对于干部，在公平竞争的机制下，推行能上能下的灵活制度。在此基础上，公司各部门和各岗位的职责也都必须做到定位准确、体系管理。同时强调不应拘泥于资历和级别，依据制度对有突出才干和突出贡献的员工可以破格晋升,但是提倡循序渐进。

另外,《基本法》明确提出"没有周边工作经验的人,不能担任部门主管。没有基层工作经验的人,不能担任科级以上干部"。这也是后来为什么华为的每位领导都是任职经验丰富的"华为老人"。这为华为的管理体系杜绝了过去"空降兵"的不良影响。

不光员工有行为准则,业务流程也按照相应标准进行统一管理。基本上形成了围绕基本业务流程、理顺各种辅助业务流程的主次关系。而处于业务流程中各个岗位上的责任人,应严格遵守流程的规定,以确保流程运作的优质高效。

华为的"时钟"

《基本法》的面世,对华为的发展起到了"定心丸"的作用。从创始人任正非到基层员工,全都积极响应其中的大条小令。但是出台伊始,大家都觉得被约束,不习惯,尤其是曾经被完全放权的一线工作者。

而任正非对这来之不易的成果极为看重,曾直言:"学习、讨论《基本法》已经开启了员工思维的大门。学不好《基本法》,就没有做干部的资格……《基本法》实施之时,就是华为超越之时,因为《基本法》的思想、精神已经融会贯通到华为人的意识当中。"为了让无论是干部还是员工都能高效地贯彻《基本法》中提到的每条每点，他组织了大大小小的会议帮助大家理解和执行。

对于《基本法》的特点，任正非指出，"它要淡化企业家的个人色彩，强化职业化管理。把人格魅力、牵引精神、个人推动力变成一种氛围，使它形成一个场，以推动和导向企业的正确发展。……在大规模的范围内，共同推动企业进步，而不是相互抵消"。他还说《基本法》就是那个可以"摆脱对人才、资金和技术的依赖，真正从必然王国走向自由王国"的制胜法宝。

无数次的学习再学习，使这一纲领真正根植于每个华为人的心中。华为人牢记《基本法》的指示，从而实现了自身价值。随着《基本法》在日常工作中的深入贯彻，有内部员工将其比喻为华为的"时钟"，认为"有了这样的时钟，再高的目标都可以实现"。也有员工认为《基本法》的出台对于所有华为人是"给梦想一片厚实的土壤"，因为"健康成长需有一方适于生长的沃土"。有了它，华为才"终将会硕果累累，丰收在望"。

《基本法》随着时间的推移又衍生出很多新的内容。参与编写的吴春波教授称："《基本法》不是一成不变的教条。" 2005年，根据市场的变化，华为内部对《基本法》进行了一次修改、优化。到2010年，提出了"以客户为中心，以奋斗者为本，长期坚持艰苦奋斗"的核心价值观。至此，华为形成了"成就客户、艰苦奋斗、自我批判、开放进取、至诚守信、团队合作"的崭新价值观念。

华 为 兵 法：
华 为 战 役 的 26 个 决 策

第三节 决策14：IPD管理变革

2014年6月16日，华为在深圳总部召开首届"蓝血十杰"❶表彰大会，为那些在华为管理体系建设中做出巨大贡献的员工授予"蓝血十杰"的称号。这是华为管理领域设立的最高荣誉奖项。

在会上，任正非感慨道："华为之所以能够在全球市场取得今天的成绩，就是因为华为十几年来真正认认真真、恭恭敬敬地向西方公司学习管理，真正走上了西方公司走过的路。这是一条成功之路，是一条必由之路。"而这条对华为发展至关重要的道路，正是20世纪90年代末期的IPD管理变革。

变革势在必行

1998年，华为刚刚通过《基本法》，全员还沉浸在"有

---

❶ "蓝血十杰"本是二战结束后来自美国战时陆军航空队"统计管制处"的十位精英。他们在被亨利·福特二世召入其公司后，通过一系列的管理变革，最终成功将处于低迷不振中的福特公司扭亏为盈，再现了曾经的辉煌。基于此，任正非在华为设立了同名奖项，用以表彰在公司管理体系建设中像他们一样有所建树的优秀员工。

法可依"的满足感中。但是几个月后，他们发现"依法办事"也并非易事，《基本法》虽然对工作中的各个方面都作出了说明和指导，但这些内容多聚焦于上层概念，具体到操作阶段时员工还是会存在不知如何下手的困难。

这一时期，华为的业务也从固话交换机扩展到宽带、数传、蜂窝网络等无线通信技术，面对五花八门的路径选择和日益精进的通信技术，华为一度出现研发效率低下、产品成本上升的问题。最常见的现象就是竞争对手的产品已经面世销售，但华为的新产品却还不能推出；或者产品推出后性能优秀，但稳定性差。

在DECT无线集群技术（一种在欧洲广泛应用于企业内部无线通信的技术）研发的过程中，华为由于没有推出相应标准的配套手机，致使饱含项目组成员心血的DECT系统只能成为实验品，华为上千万的研发费用也随着付之一炬。

事后总结原因，发现还是由于缺乏规范化的管理。研发人员"闭门造车"，只注重技术，不重视客户需求，研发出来的产品与市场脱节。而且随着公司规模不断扩大，各研发部门之间沟通不顺畅，常常是各做各的开发模式，如此一来，便导致各产品的版本不配套、产品重复开发等问题，拉长了产品的生产周期。

众所周知，产品越早推出，攻下市场的概率就越大，产品的竞争能力也会大幅提升。因此，华为的这种弊端不仅不利于市场拓展，而且不利于公司的统一管理，同时还浪费了公司资源。

华 为 兵 法：
华 为 战 役 的 2 6 个 决 策

据华为内部统计，当时由于上述原因而造成的大量坏件库存，折合人民币多达4000万元。技术支援部召开的坏件库存现场办公会讨论中就提到，问题出在生产、运输、安装、销售等各个环节。可见当时整个华为的运营体系缺乏联动性和流畅性。

这些问题的出现都让任正非发觉，光有意识价值层面的《基本法》还远远不够，华为需要一套切实可行且经过验证的管理体系来推动它迈上一个新的台阶。

"企业的人是会流动、会变的，但流程和规范会留在华为，必须有一套机制，无论谁在管理公司，这种机制不因人而变。但是流程本身是死的，而使用它的人是活的，需要人对流程的理解。而对流程了解比较多的是管理者，只有他们而不是基层人员，才清楚为什么这样设定流程。"流程确定下来，人员该如何实操又变成了管理领域的问题，这也是要在改革流程之前先改革管理体系的原因。

IBM助力华为

由于国内尚无典型实例可以借鉴，任正非将发展目标放到了国外。而众多国家中又尤以美国的通信企业发展最靠前。因此，1997年，在圣诞节的前一周，任正非和华为的几位高层领导一齐飞往美国，进行实地考察。

任正非一行人到达美国后，马不停蹄地参观了休斯、朗讯和惠普三家世界级企业。后来他们又参观了国际商业机器公司（简称IBM），IBM和华为几乎同一时间起步，但年产值已达20多亿美元，根据当时的汇率，合人民币160多亿元。而那时的华为预期目标才定为50亿元人民币。

与IBM的巨大的效益差额让任正非对这家跨国企业心生羡慕，而当他得知IBM才从财政危机中起死回生不久后，更是对它的管理体制动了心。由于此时的IBM已成立全球企业咨询服务部门，因此对于他们的来访也是真诚相待，包括CEO郭士纳（Louis Gerstner）在内的IBM高层更是向他们详细介绍了其管理技术。事后，任正非对此回忆道："从早上一直听到傍晚，我虽然身体不好，但也不觉得累，听得津津有味。"

他们从IBM那里知道了IPD（Integrated Product Development，集成产品开发）模式，它是指一套将产品开发一体化的流程体系。从管理到经营，从概念到操作都有明确的程序。而这一发展模式也成功帮助IBM摆脱经济困境。任正非发现他先前参观过的休斯、朗讯和惠普公司也是运用了这套发展模式。

大企业竟然同时使用一种管理体系，是否能说明IPD模式确有过人之处？华为又能否从中借鉴一二？任正非产生了想要尝试一下的想法。但是IPD毕竟是一套根植于美国本土的发展模式，他虽然有意学习，但却不知道该从何处下手。"圣诞节美国万家灯火，我们却在硅谷的一家小旅馆里，点燃壁炉，三天没有出门，开了一个工作会议，消化了我们访问时做的笔记，整理出一厚沓简报准备带回国内传达。我们只有认真向这

华 为 兵 法：
华 为 战 役 的 2 6 个 决 策

些大公司学习,才会使自己少走弯路,少交学费。"

随着接下来几天的进一步了解,任正非越发对IBM所倡导的发展模式感到满意。还没等回到国内,任正非就将参观以来总结出的经验、方法进行整理记录,并跨洋召开了一次商讨会议。正是在这次会议上,他决定要"加强管理与服务",并认为IBM的经验是值得华为学习的宝贵财富,因此提出要与IBM合作,聘请他们帮助华为进行管理改革。

由于华为是IBM在中国的第一个管理咨询项目,IBM高层对这一单业务也颇为看重,因此深受郭士纳赏识的周伟焜被任命为IBM大中华区董事长及首席执行官,负责华为的内部改革咨询服务。

周伟焜为华为制定了70位顾问驻扎五年的方案,并按照所定方案给出了针对性的报价,五年总计20亿人民币。20亿人民币基本上就是华为当时一年多的营业利润。但就像《华为人》所言,"IPD流程本身不是最有价值的,它的管理理念才是核心"。推动管理变革,其目的是改变过去华为内部粗放的管理方式,趋向更加规范化、程序化的企业运营。

1998年8月10日,任正非在高层管理会议上,正式宣布启动与IBM合作的IT策略与规划(简称IT S&P)项目,这一个大项目里又包括IPD、ISC、IT系统重整、财务四统一等8个管理变革具体项目。同时成立华为方面变革领导小组,时任华为董事长孙亚芳担任指挥,郭平担任副组长,配合IBM顾问完成各项工作。

第 四 章
变 革

先僵化，后优化，再固化

项目启动后，IBM派出的第一批50多位顾问到达华为总部，他们与华为员工共同工作，一起参与到管理变革当中。

在IPD的启动阶段，项目组从研发部门入手，先通过研讨、访谈、问卷调查等方式对公司产品开发现状进行了摸底，指出了华为研发管理上的诸多问题。比如：缺乏准确而具有前瞻性的客户需求定位；没有跨部门的结构化流程，各部门分别作战；单一部门间的流程也主要靠人工衔接，使得出现运作过程被割裂的情况。

发现问题后要做的就是解决问题，任何变革都必然会带来阵痛。早期华为内部也出现员工不适应的情况，"IBM是国外公司，它的经验在华为适用吗？""改革关我们市场部什么事？这不是中研和领导们的事情吗？""前线这么紧张，这样把人都抽空了，不是很耽误事情吗？"……面对各部门的抵触甚至是排斥，任正非在IPD第一阶段总结汇报会上提出"先僵化，再固化，后优化"的变革方针，采取持续管理变革，要求员工尽快适应，变革态度非常坚决。

后来，华为更是将对IPD执行的规范考核纳入了评价体系，即评价体系中除了个人绩效、市场绩效，还增加了员工对IPD执行的规范性考核。注意这里是执行得是否规范，说明华为所有人已经默认IPD模式势在必行。

华 为 兵 法：
华 为 战 役 的 2 6 个 决 策

为了保证在僵化阶段达到尽快适应的目的,华为还增加了"一岗一薪"制度,岗位和考核挂钩,而考核又与工资相关联。因此在评估改革的高压下,每个人都在短时间内适应了IPD的运行。

到1999年,前期的人员还没有彻底适应,华为就已经把IPD试点提上了日程。这一年,华为成立了第一个产品开发团队,而后又在公司其他部门进行了30%的试点工作。因为IBM体量庞大,业务分散,相较于当时的华为,其提供的很多建议都不能百分百应用到实践中,小范围的试点作业有利于提前发现问题并解决,这也是在僵化的同时进行优化的过程。

优化阶段进行了差不多三年时间,直到2002年的1月1日,IPD推行才从试点30%扩展到整个公司。2003年年底,华为完成了组合管理团队的集成建设,这意味着IPD模式正式在华为生根开花。

让研发有章可循

IPD在华为的应用确如任正非所想的那样,起到一定成效。当年,IPD市场推行组在内部报纸上就发文称,"与以往项目相比,其在项目管理、跨部门团队、市场需求、系统工程等方面取得了较明显的进步,项目计划偏差率小于5%,为下阶段的推广积累了宝贵的经验"。

第 四 章

变 革

从研发角度来看，引入IPD对华为的帮助大致包括以下三点。

全流程联动。全流程联动是IPD推行后取得的第一大成果。

IPD解决了华为各部门缺乏沟通，研发人员不关注客户需求，研发分散、重复、不规范等问题，将产品研发的责任落实到公司的各个部门，让不同部门之间学会了跨部门合作，为同一目标努力。而且跨部门合作强调部门联动，不再限于机械化的简单合作。按全流程化的要求，产品研发不再只是研发部门的事，所有部门都对产品开发负责。

例如，在推行IPD之前的研发中，研发人员距离客户需求很远，接触不到真实的客户需求。因此，他们也只能按自己喜好研发产品。而市场部人员为了拿到订单，提高业绩，往往会答应客户一些不符合华为当下实际的承诺，然后把研发难度转嫁给研发人员。这种不切实际的承诺导致有些产品难以立即满足客户需求，最后只能不断地推迟交付。而有些产品即使交付给了客户，也会因为不满足客户需求而不断地修改、补充、完善，浪费了很多精力，也增加了不少成本。这种因为缺乏沟通而导致的错误会使客户对华为的信任度下降，市场想要增长就会更加困难。

IPD推行后，非常强调各部门之间的协调合作。在整个IPD过程中，每个部门都必须对产品研发负责。IPD强调产品研发的整体性，整体要大于各部分总和。在项目开始之前，就要选择每个相关部门有能力的工作人员，组成一支跨部门团队，而这支团队集管理、决策于一体，充分体现了整体大于部分的准则要求。

做计划提高成功率。做计划则是IPD的另一大特点，这一要求保证了流程规范化、专业化，提高研发效率。按计划推进能做到有条不紊，减少浪费。具体执行中，计划需要基于实时数据而来，其目的是更好地定义产品及其竞争优势，同时明确各个环节的职责，让各部门之间互相理解、加强协作，并更好地控制过程中的风险。

在推行IPD之前，很多研发人员不重视做计划，经常出现这样的情况：一个产品在同一个月内仅相隔10天就推出了两个版本，而之后推出的版本与之前的版本完全兼容，这就使得10天前推出的版本面临升级要求。后一版本是较为稳定的版本，将会规模推广，这就意味着10天前推出的版本就会完全被废止，大大浪费了人力物力。

这种各做各的开发模式，不利于市场拓展，也不利于集中资源在产品开发上取得进步，更没有遵循华为在创新上的"拿来主义"宗旨。而如果之前有过合理的计划，就能直接推出更优化的产品版本，且开发周期更短。

IPD将做计划归为流程中的一步，强调做计划的重要性，其目的就是想让各部门重视起来，将做计划落到实处，真正把计划做好，为后续的产品开发指明方向，并且预防风险。

在CDMA的开发阶段，开发项目组对计划给予了足够的

第四章
变 革

重视，在设计开发时，就花了很多时间和精力在计划制定、监控和调整上，将研发的风险控制到了最小。周全的计划推动了CDMA项目的成功。

以客户需求为导向。 不管是全流程参与，还是做计划，都是建立在以客户需求为导向这一基础之上。IPD的核心是"全流程、端到端"。重视客户端需求，是华为产品研发的基础。华为认为，像思科、微软这样的IT巨头，正是因为重视客户需求才能做到持续不断地创新。

以前，华为的产品研发是引导客户需求，而推行IPD以后，华为提出满足客户需求，对客户进行需求管理。具体来说，通过OR需求管理数据库；通过MM（市场管理）流程管理客户的中长期需求；通过规范的PCR（产品变更请求）流程管理客户的紧急需求。

为华为打响数据通信产品第一炮的明星产品接入服务器A8010，就是以客户需求为导向研发产品的一个成功案例。在研发A8010前，研发与市场部门进行了紧密的合作，对当时的市场需求有了清晰的分析和把握后，果断地在1999年停止了19英寸接入服务器的开发，集中精力开发基于华为传统B型机平台的集中式大容量接入服务器。基于此，成就了A8010成为国内第一个成功开发的接入服务器。

以规范化的方式更深刻、及时地了解客户需求，更好地作出回应，研发出更贴合需求的产品，这就是IPD的作用。

随着变革的深入，IPD开始发挥更大作用，有人将IPD形

华 为 兵 法 ：
华 为 战 役 的 2 6 个 决 策

容为华为的"都江堰工程",因为它"使埋头做产品后再向客户强力推销的'拦截'式逆向流动,转变为以客户需求为导向的'顺势'正向流动"。这之后,华为又在该项目上投入了20亿元的资金,与IBM续签5年合同。通过与IBM合作,华为快速崛起,虽代价不小,但获得的收益更大。

IBM通过一系列先进措施,让华为知道企业管理的新方式,而华为也在这些新方式的助力下成长起来,根据美国《财富》杂志公布的数据,2009年华为进入世界500强企业,这之后的几年里华为的排名越来越靠前。

第四节 决策15:组织系统持续变革

华为发展至今已有30余年,其战略决策依据环境的变化而不断调整,组织结构也在随着战略不断优化。在进行阶段性战略调整的同时,为了支撑公司战略的实施与达成,也同步进行了一系列的流程再造、组织结构变革。

华为的组织变革历史悠久,从创业之初一直延续至今,可谓一部演化史。如今提起华为必定会谈及其企业管理文化,这方面无疑已经成了华为的一张标志性名片。而其中的组织架构就是众多企业纷纷效仿的"成功之道"。

这一成功之路并非一蹴而就,按照演化的时间顺序可以分为三个阶段：1987—1995年的"直线式"管理、1995—2010年的"内孵外请"双管齐下的全面改革以及2010年至今的"动态矩阵式"变化。

1987—1995年："直线式"管理

具体来说，华为在1987年创立伊始，公司内外的大事小情都由任正非一人负责，从招聘人才到目标制定全都是他一个人做决策，而这时的管理也被叫作"直线式组织结构"，因为这时的结构只涉及任正非和相关人员，完全是端对端的直线连接。

也正是因为所有事情都要任正非一人拿主意，公司内部缺乏有效的管理体系，组织结构简单。为了能够迅速调配人员参与市场竞争，并对随时可能出现的各种状况做出快速反应，权力基本集中在以任正非为主的高级干部手中。随着队伍的壮大，前线业务与任正非之间无法时刻保证两两对接，便索性直接放权给了相关负责人。

后来，公司不同部门、不同地区的管理人员纷纷在实践中总结出了不同的管理方法，但彼时的公司在任正非看来却日益呈现出"思想混乱、主义林立"的散漫局面。到1995年，华为已从交换机代理商向拥有自主研发技术的通信企业迈进，这一转变直接影响的是员工数量，从最初的几十人已增加至1750人，这其中研发人员占比最多，达到40%，管理人员只占到12%。

除了人员配比的严重不平衡，华为在这段时期的战略部署也逐渐从产品集中化转向产品多元化，从单一的交换机研发生产发展为终端、传输服务并存的全方面领域，想要建立一个全球通信技术公司。技术不断发展，同行业的竞争开始加剧，为了打开市场，1996年，华为开始进军国际市场。

这一时期，华为内部人员组织结构倾斜严重，管理问题层出不穷，加上没有专门的职能机构，管理者数量不够且负担过重，难以满足多种能力的要求，一旦有管理者离职，短时间内很难找到替代者。不仅如此，海外市场开拓艰难，需要和众多外部企业及政府建立信任，内部部门之间协调性差，难以形成即时联动。因此华为的开局并不顺利，后来华为将之归结为管理上存在问题。

1995—2010年："内孵外请"双管齐下的全面改革

早期华为规模较小，专注于核心产品开发，公司采用直线式的管理方式，随着公司规模的增长，直线式管理的问题逐渐暴露。随着华为规模的进一步扩大，集中化平台与一线员工之间的距离越来越大。

为了有效解决管理者和执行者沟通不顺畅的问题，也为了及时改变管理混乱的状况，1995年任正非开始寻求重新规划企业组织架构的方法。他找到中国人民大学的教授，在彭剑锋、黄卫伟等6人的帮助下，历时3年，在1998年3月完成了《基本法》的制定工作。

这部企业内部法的出台，直接将华为的组织管理体系带上了一个新的台阶。《基本法》几乎囊括了华为的各个方面，从经营到管理，从研发到营销，都给出了明确的行为指导。同时，《基本法》还将组织结构进行了明确界定。它提出华为的基本组织结构将发展成为一种二维结构，即按战略性事业划分的事业部和按地区划分的地区公司。

事实上，从这一节点开始，华为已经意识到只关注自身发展的局限性。要想在竞争中赢得一席之地，除了拥有先进的技术外，还必须关注市场、关注客户。为了与各地客户更快更好地建立联结，1997年，任正非首次提出建立合资公司，比如与铁通合资建立北方华为。又在2002年改制上海华为，扩大成为华东华为。这些都是华为为了迅速对市场变化做出反应而采取的战略举措。华为形成了由北方华为、沈阳华为、华东华为和海外办事处的地区公司以及包括网络事业部、接入事业部、移动事业部在内的事业部为主的组合式结构。

自此，华为从之前的单一直线式组织管理，正式进入了由事业部和地区公司两大部分构成的二维矩阵式组织架构。华为这种二维矩阵式组织结构，极大促进了华为的战略转变和成功实施。不仅极大调动了华为内部员工的积极性、主动性，并且使得子公司内部的高层领导摆脱了日常事务，集中精力去考虑宏观战略，同时还锻炼和培养了本事业部的综合管理人才。而华为地区公司的建立为华为开启了新的销售渠道，极大节约了华为的综合成本，也使得华为的组织结构向矩阵式跨国集团化迈进了一大步。

但这还远远不够，华为在内部《基本法》制定的同时，还积极寻求外部的经验辅助。1997年，华为正式和IBM集团合作，旨在共同将华为打造成为世界级企业，先后完成了信息技术战略和规划、IPD变革、ISC变革等重要工作。其中IPD变革为早期华为解决了研发管理混乱、产品开发流程长等问题，而ISC变革则为华为降本增效，使得供应链实践能够支持华为的业务扩张。

这时的华为在研发、供应采购、销售服务、人力资源管理、财务管理和质量运营IT等多个环节，都系统性地引入了业界领先的实践经验。先进经验和华为实际发生碰撞，从而衍生出一套独具华为特色的以客户为中心、以奋斗者为本的组织管理体系。地区公司和事业部的组织结构发生一定变化，扩展成为产品与解决方案、战略与市场、销售与服务、运作与支付四部门并存的矩阵式结构业务体系。

2003年，华为在美世咨询公司的帮助下，引进了经营管理团队（简称EMT）系统，开始实施全新的集体战略决策。

新的EMT将公司高层领导整合在一起，其中主要包括上述四个部门的负责人，EMT为华为构建了一个经营管理决策机构。高层管理组织确立起"上"的责任，对华为在战略层面的发展方向上做出进一步展望，同时不同层级干部与员工之间也建立起了一套有效的运行机制。这样从上到下、从下到上的组织结构逐渐趋于稳定，正如《基本法》中提到的"组织结构在一定时期内的相对稳定，是稳定政策、稳定干部队伍和提高管理水平的条件，是提高效率和效果的保证"。

组织结构稳定的同时，企业内部产品被着重聚焦。IPD和ISC变革对产品层面的生产和供应进行了专门管理和优化，实现了从人到产品的组织管理过渡。当然，这些变革都经过了较长时间的摸索和实践，才得以在华为的发展中焕发出蓬勃的活力。

2010年以来："动态矩阵式"变化

EMT制度实施后，2011年，华为正式开始实行轮值CEO制度。任正非对此解释为："授权一群聪明人作轮值的CEO，让他们在一定的边界内，有权力面对多变世界做出决策，这就是轮值CEO制度。"

领导人的轮值保持了企业的有机活力，为华为的发展提供了有效的动力支持。干部的任用也具有一定的灵活性，不再是过去一人一岗、一岗到永远的职位模式，人力资源结构开始向动态化转变。总体来看，华为已从最初的直线式组织结构演变成现在的组织结构。

为了更好地为客户提供服务，华为在同一年将业务体系划分为三大运营中心（简称BG）进行运作，包括运营商网络BG、企业业务BG、消费者业务BG，此外还有其他业务以及服务型BG。这些BG都是面向客户的端到端的运营责任中心，对公司的有效增长和效益提升承担责任，对经营目标的达成和客户满意负责。

EMT制度不同于过去的至高决策层管理，而是被下放到华为的各个业务中心。比如各BG分别设置有EMT，负责不同BG自身业务的管理，BG EMT主任由BG 各CEO担任。四大业务中心将进行独立考核。每个运营中心都拥有自己独立的EMT团队。EMT仅决策具体的业务，而不再包括公司的整体战略。

除此之外，从2011年到2013年，华为的年销售收入稳步增长。但在竞争激烈的通信市场，面对有限的发展空间，华为需要寻找一条新的出路。因此，华为看上了有较大市场空间的消费者业务和企业业务。这两个新市场不仅拥有几倍于现在市场的前景，并且发展较快、潜力较大，如果能加入进去，华为将会大有可为。

从2011年开始，华为便走上了产业转型之路，它由过去的单一运营商业务模式拓展到运营商业务模式（B2B）、企业业务模式（B2b）、消费者业务模式（B2C）三大业务模式并驾齐驱的多元化发展。其中运营商业务主要负责电信运营商通信解决方案，企业业务主要负责企业数据中心ICT，而消费者业务则主要负责个人智能终端。

第 四 章
变 革

从原来的事业部和地区中心构成的二维矩阵式组织结构，到后来的以运营商BG、企业BG、消费者BG为主的全新矩阵式组织结构，华为成功实现了在变化中谋求发展、在发展中谋求突破的商业模式的突破。

不仅如此，如果说每一个行业的发展都是一场革命，那华为在ICT技术领域已经进入了智能化阶段。可以说，"智能"被注入到联接的千亿设备当中，覆盖了从生产到生活的方方面面。5G、云计算、物联网、大数据等都是支撑智能化工业革命的ICT核心基础设施和技术能力。

根据2018年8月中国信通院发布的《云计算白皮书（2018）》，2017年我国云计算整体市场规模达691.6亿元，增速34.32%。为了紧跟行业向前发展的脚步，2018年华为正式在业务与组织架构中提出Cloud&AI BU这一构想，同一年华为开始进军AI市场。此外，业务与组织架构也发生些许变化，从整体上分为ICT业务组织与消费者BG，消费者BG独立形成消费类业务，其他运营商和企业业务仍并入ICT业务组织下。2019年，华为将Cloud & AI BU升级为Cloud & AI BG。

Cloud & AI BG是对华为云与计算产业的竞争力和商业成功负责，承担云与计算产业的研发、市场、生态、技术销售、咨询与集成使能服务的责任。围绕鲲鹏、昇腾及华为云构建生态，打造黑土地，成为数字世界的底座。

目前，华为的矩阵式组织结构仍在不断完善过程中，其公司内部也在不断探索新的组织模式、建设新的组织能力，以适应营收规模急速增长的要求。从1987年华为诞生至今，它在组织结构方面的变革就从未停止，正因如此，它才最终探索出一种既适应时代发展又具有华为特色的动态矩阵式组织结构，这无疑为探索数字时代的企业管理之道提供了华为样本。

第四章
变 革

华为兵法:
华为战役的
26个决策

HUAWEI

第五章

制 度

"以客户为中心,以奋斗者为本,长期艰苦奋斗",是华为企业文化最重要的体现。

企业管理本质上就是人的管理,通过建立合理的价值评价体系、价值分配体系,以健全的制度激励并约束员工行为,推动企业朝目标方向前进,这是企业可以长治久安的根本。

第一节　决策16:因时而变的用人标准

华为2019年可持续发展报告显示,截至2019年12月31日,华为全球员工总数达19.4万人,他们来自全球的157个国家和地区。如何将人才用好,是华为面临的难题之一。

为此华为根据新人加入时间的不同,提出了两个截然不同的用人制度。

人职匹配,"一个萝卜一个坑"

华为员工的数量如此庞大,从入职培训到正式入职,这期间所耗费的费用也不可小视。为让其发挥更大的作用，为企业创造更多的价值，华为想出一个能让企业更好发展的用人策略，那就是"一个萝卜一个坑"。

简单来说，就是把每一个岗位都视作一个"坑"，而招进来的员工便是一根根不同的萝卜。"一个萝卜一个坑"，就是要把小萝卜放进小坑里，大萝卜放进大坑里。如此一来，每个人便都在自己合适的位置上。这也是避免大材小用和不胜其任的现象出现。

如果把大萝卜放小坑里，那装载其的"坑"便无法容纳，不仅浪费了人才，而且还有可能因为不合适而出现摩擦，最后落了个两败俱伤的结局。而如果把小萝卜放在了大坑当中，不仅无法帮助其成长，还会造成"坑"的浪费，不然就得把不适合的部分剔除掉，或者再次转移到适合它的坑里去。但是，这样反复下来，依然存在很严重的浪费。

"一个萝卜一个坑"杜绝了以上两种情况的出现。每个员工都在适合自己的位置上，华为内部的运转就会井井有条，员工们办事效率也会提高。反之，华为内部则会乱成一锅粥，混乱不堪。

为了减少试错的成本，华为在员工招聘环节，就十分重视每一个人是否适合岗位。这也是华为跟很多企业不一样的地方，它招聘的首要标准不是越优秀越好，而是是否合适。至于如何衡量这个人是否适合华为，华为也有考量。

首先，需要明确华为当下需要什么样的人才。根据需求，有目的地寻找适合该岗位的人才。有些需求可能强调员工的个性突出，有的需求则可能强调团队合作，因此不同的需求下所招人才也会不同。其中，对于人才的兴趣、特长等方面，也都会有不同的侧重。

其次，需要明确各个岗位需要什么样的人才。不同岗位的能力需求差异较大，不仅如此，员工的年龄、体能等也在考虑的范围，存在一定的灵活性。

最后，公司不同时期的发展目标也是需要考虑的因素。

对此，华为在《基本法》的第六十七条里就有明确的招聘和录用标准："华为依靠自己的宗旨和文化，成就与机会，以及政策和待遇，吸引和招揽天下一流人才。我们在招聘和录用中，注重人的素质、潜能、品格、学历和经验。按照双向选择的原则，在人才使用、培养与发展上，提供客观且对等的承诺。我们将根据公司在不同时期的战略和目标，确定合理的人才结构。"

严格遵循"一个萝卜一个坑"的人才培养方案，华为在人力和时间上的成本也会相应缩减不少。同时，每个奋斗者都能在适合自己的位置上工作，其自身积极性也会增加不少，这对于企业来说，无疑也是一种双赢的局面。

多变萝卜，"干一行爱一行"

"一个萝卜一个坑"，华为以这种方式招收、培养人才。但时间并非静止，"萝卜"会在汲取养分后逐渐变大，如果没有更大的"坑"去承载，"萝卜"的成长将会严重受限。同时随着企业的发展，华为能提供的"坑"，不论是数量还是种类只会越来越多。

因此，员工在华为度过"新手期"后，要学会跳出"坑"的桎梏，向复合型人才发展，尽可能在工作中接受多重任务的挑战，能够应对更复杂的形势，处理复合型难题。

在华为没有专业这一概念，因为在他们看来一味地强调专业就是一种自我设限。他们在给新员工培训时，就曾有过这样一个辩题："到底应该是干一行爱一行，还是爱一行干一行？"事实上，华为对员工的要求是"干一行爱一行，哪一行都要爱，哪一行都能去干"。

任正非在集体会议中，时常告诫华为的年轻员工，进入华为工作，就要做到干一行，专一行，爱一行，要变身"多变萝卜"，无论放在哪个"坑"，都能根据岗位需求变化自身角色。如果市场需要，做人力资源管理的员工也能被派到非洲去做业务。

在招聘上，华为公司并没有像其他一些大公司一样，指定某个学校、某个专业，而是将招聘对象的范围扩大到了国内高校应届生和在海外高校取得学位的中国籍留学生。如此宽泛的要求，说明华为就是想要向所有求职者传达出"能力重于学历"这一重要意识变化。毕竟学历只能决定一个人一开始去哪个"坑"，而能力可以决定一个人能去多少"坑"。

当然，华为同样会刻意地为员工提供更加多元的供职机会。2016年，华为在深圳总部举行了一场出征海外誓师大会，

第 五 章
制 度

会上宣布将有2000名华为高级研发人员和专家奔赴海外，到欧洲、东南亚、中东、美洲、非洲等地，去深刻理解客户需求，加强市场实践。

3年后，这些技术专家深入了解不同客户的需求，通过在一线销售产品总结经验，为之后的下一步研发做准备。这次2000人的海外调研，意味着华为的技术人员在精进研发技术的同时，也要学会注重对市场情况的掌握。华为也正是通过对员工的高标准、严要求，才给自己培养了一支精锐的、能时刻上"战场"的员工。

第二节　决策17：全员导师制

从2007年到2018年，华为的员工人数从8.4万人增长到了18.8万人，这新增的10.4万人便是新入职的员工。面对每年如此庞大的新入职员，华为要如何尽快让他们适应并投入工作成了新的问题。

对此，华为对新员工的入职培训就显得尤为重要。而这一培训不同于其他企业，华为特意建立了"导师制"，即无论新老员工，每个人都在企业里有自己的导师。为将导师制更好地融入培训中，经过讨论和实践，入职培训主要被分成了三个阶段。

其中第一阶段是入职前的引导培训。华为的校园招聘一般安排在每年11月，对拟录用并分配到各个业务部门的大学生，华为会在他们入职前安排导师。这就是导师制流程第一步。华为要求导师定期与学员通电话，了解他们的个人情况、精神状态、毕业论文进展、毕业离校安排等。

在这个过程中导师会给他们安排一些任务，提前让他们了解岗位知识，看相关书籍和材料，提出岗位知识学习要求等，让他们在这个过程中做好走向工作岗位的思想准备。

第二阶段是入职时的集中特训。这个阶段比较简单，主要是围绕着华为的企业文化来展开，而在这期间，导师的任务不多。

而在第三阶段岗前实践培训中，新员工要在导师的带领下实地前往一线进行个人锻炼。

也就是说，导师必须全程参与新员工入职前及入职后培训的整个过程。这也是因为对于大学毕业初入社会的新人来说，工作和生活都面临挑战。如果有人给予指导和帮助，不仅能让他们快速融入环境，也能使其更好地理解企业文化，成为合格的员工。因此，导师成为团队中一个十分重要的角色。一位好的导师，不仅能为企业培养、发掘人才，也能为企业留住人才。值得一说的是，采取"导师制"政策的华为，是我国最早实行这一管理策略的企业。

2013年下半年，沙特电信（简称STC）开始实行采购的战略转型，其采购模式及其决策链都发生巨变。这让承接新采购部客户关系业务的焦健应接不暇，整个团队都处于不知该如何拓展新客户的困境之中，而其中有的难点客户更是让他们一行人夜不能寐。

第 五 章
制 度

针对这一情况，华为派遣王庆担任其"客户线导师"，全面牵头集团的各种客户关系，并指导焦健拓展采购部的客户关系。对于当时STC方面久攻不克的问题，王庆教导焦健要把大目标分解成多个阶段性的小目标，具体到什么时候能打招呼、什么时候能进办公室打招呼，以及什么时候能进办公室并坐下，再到后面的进到办公室谈业务。

有了王庆的指导，焦健果然在工作中顺利了很多。据说当时STC的采购部总共有72名客户，根据王庆的建议他先尽可能多地了解客户的信息，然后再到客户的办公室蹲点，只要见到客户就找机会打招呼，如此一来混个脸熟不成问题。而对于难点客户，王庆则选择和焦健齐上阵的办法，一起寻找突破点。

经过一个月的共同努力，STC项目才真正被拿下，而在此过程中受益匪浅的焦健也坦言："我很幸运，有一位好导师和好兄长与我一起并肩战斗，让我发自内心地热爱这份工作，并最终收获一些成就感。"

为把"导师制"落到实处，华为对导师有相应的制度要求。一是晋升限制，规定凡是没有在华为担任过导师的员工，一律不能得到提拔。在华为内部有个不成文的共识：优秀主管都是从优秀的导师晋升出来的。若是一个员工可以带出一名优秀的徒弟，那就能带好两名，自然也就能带好一个优秀的团队。

二是给予导师补贴，华为会以补助的形式每月发放给导师300元的"导师费"。

华 为 兵 法：

华 为 战 役 的 2 6 个 决 策

三是开展年度"优秀导师"评选活动,被评为优秀导师的员工可得到公司500元的奖励,评选上的员工在公司年会上都会得到隆重的表彰。

四是实行责任连带制,奖惩不分家,有奖励政策自然就得有惩罚。在华为,只要徒弟犯错,导师就要承担很大一部分责任。这就意味着导师可能因此而得不到晋升,严重的甚至会被降级。这些措施一方面激发了老员工的积极性,另一方面也加深了他们的责任感。

同样,华为对导师的选拔也十分严格。这些人员需要足够了解公司,为新人提供实际辅导。例如,要求导师在公司工作至少1年以上;是部门业务骨干,有能力进行业务指导;认同华为文化,有能力进行思想引导;为人正直、热情,责任心强,有较强的计划、组织、管理、沟通能力,能为新员工制订合理的计划、安排相应的工作任务;参加过思想导师辅导或相关培训并考核合格等。

随着制度深入发展,导师制从最初针对新员工,变为全员导师制,所有员工都有导师。对于调整到新岗位上的"老员工",不管资历多深、级别多高,也有导师辅导。导师不看工龄长短、资历高低,最重要的是岗位能力和经验。因此,刚毕业进入华为一两年的员工,照样可以成为导师。

后来,导师制还被提升到了接班人的高度上,任正非在题为《小改进、大奖励》的讲话中提到:"千千万万的员工都会成为各级岗位的接班人。群体性的接班是我们事业持续发展的保障。"因此,这一阶段的导师制也从单个员工培训的目标变

第五章
制 度

成了培养群体性接班人的大志愿。

华为的"全员导师制",不仅涉及的员工职位范围广,职责也多,真正做到了"全"。一定程度上,达到了让公司上下都能一心,深刻理解企业发展需求、企业文化,以及企业愿景,全员更好地朝着一个方向使劲的最终目标。

第三节 决策18:奖惩要到点子上

如何使企业保持活力,如何让大象起舞,一直是企业进入成熟期后面临的难题。历史上很多企业,都从创始者变成了失败者,最终被时代抛弃。

下一个倒下的会不会是华为?在强烈的忧患意识下,华为全力保持组织和员工的流动性,在横向和纵向、对内和对外等多个方面进行深度灵活创新,力求激发组织内部每一个细胞的活力。

为了让华为永葆活力,也让内部员工始终保持对企业的向心力,华为早已建立起一套奖罚分明的奖惩制度。

激励制度

在华为,除了部门间的职位有所差异,每个职位还分有不同的级别。比如华为员工级别可分为13～22级,一般来讲，这10级又可划分出3个等级，初始级别便是本硕毕业生的13级，博士毕业生的15级。高一点的是基层和中层管理者，一般为17～19级，再往上是21～22级，为总裁、副总裁级别。

一般入职后，基本上两年升一级。当然了，要想升级快，也可以选择外派国外。对不同职位进行清楚划分后，便是精准严密的评估，从而确定众人的薪酬。在华为，薪酬由两个部分组成，一部分是"薪"，即直接的经济性薪酬，如：固定工资、提成、奖金、津贴补贴、职务消费、加班费等。另一部分就是"酬"，即间接的经济性薪酬，如：福利、培训、组织活动、节日礼品等；还有非经济性的薪酬，如：晋升、工作环境与氛围等。

华为采取双管齐下的做法，运用全方位的设计，其目的就是为了能更好地激励员工争当"火车头"，为公司拼出业绩。不仅是在物质权益，更是在精神追求、自我学习发展上更好地助力员工，让每一位员工在成就自我的同时为公司发展添砖加瓦，共同成长。

关于激励，除了合理的工资外，最重要的自然是所给予的福利。在华为，员工福利全部货币化，其中包括补贴和社保基金两项。而在补贴方面，又包括交通补贴和出差补贴。交通补贴每月都直接发到员工的工卡里，但由于员工每人持有的工卡可以在公司餐厅及在基地的所有服务设施消费，比如超市、理发厅、健身场所等皆可使用，因此交通补贴实际的用途要超出交通这一单一选择。交通补贴原则上不能提现，

第 五 章
制 度

但具有一定灵活性，在每年年底高于一定数额或离职时可以一次取现，需扣20%的个人所得税。

出差补贴，可分国内出差补贴和海外出差补贴。根据职位、出差地的艰苦程度、危险性等标准计算，标准乘以实际出差的天数，就是可以拿到的补贴金额。一般在出差回来后报销时领取。

其次就是公司替员工交纳的社会保险基金。按照每月基本工资15%的比例划拨，员工离职时可一次性提取，扣20%个人所得税。

除了这些，华为内部还有加班费、年终奖和内部股票分红等激励政策。因为华为的加班文化一直广为人知，早年一直流行"床垫文化"，后来因为一些事故，华为对加班进行了一系列的规范。华为提倡高效率的工作，鼓励员工在工作时间内完成工作任务，但对于因工作需要的加班，公司支付相应的工作日加班补贴或假日的加班费。总的来说，加班费的标准基本上是以员工的月基本工资除以每月法定工作日乘以加班天数。

至于年终奖，则是根据员工的贡献、表现、职务等颁发，干满一年，一般员工在1万～3万元。一般来说，市场系统、研发系统的骨干最高，秘书、生产线上的工人等做重复性工作的员工最少。

而华为的内部股票分红也是一大激励手段。员工的持股原则是"入股自愿、股权平等、收益共享、风险共担"。员工在入职1～2年后，公司根据其职位、表现、工作业绩等分配

华 为 兵 法：
华 为 战 役 的 2 6 个 决 策

给一定数额的内部股票，员工一般用自己的年度奖金购买内部股票。

在华为高速发展时期，内部股票分红比例高达70%，不过这种红利一般都又转化成了新的股权，因此，在离职前，员工实际可支配的现金并不多。华为的内部股票在员工在职期间不可转让，员工离职时，集团根据一定的比率回购，员工一次性兑现。

惩罚措施

管理组织人员，从某种角度来讲，是对人性的管理，是对人性善的激发和对恶的抑制。管理者既要懂得给予，也要学会剥夺。外界常称华为是一支骁勇善战的"铁军"，其内在原因就是华为在人力资源管理过程中，通过正负两方面的激励，让员工可以朝着组织目标稳步前进。

为了更好地践行奖罚分明，华为内部建立了一套严格的规章制度，用于约束每位员工的违章违纪行为。这些惩罚由轻到重主要包括警告、罚款、降薪、降职、收回股份、记入档案、开除或劝退。比如在月度考核中，根据《华为绩效管理与考核制度》，对当月员工完成业绩进行评估，将员工划分为A、B、C、D、E五种，分别占比5%、20%、50%、20%、5%，其中被评为E的员工就是考核不称职者，如有哪位员工连续两次为考核不称职者，就会被警告，并免除下月奖金；全年累积三次考核不称职者,将被公司辞退。如果在年度考核中被评为不称职者,则该名员工将在今年失去晋升的资格。

此外,除日常绩效考核外,华为还对员工日常工作中出现的突发不良事故实行惩戒措施。2019年,华为官博在推特发送新年祝福时,右下角出现了"twitter for iphone"的字样。作为一家智能终端的官博,带头使用其他企业的产品,这给华为造成了严重的不良影响。事后,华为立刻公布处罚方案,直接当事人被给予通报批评,个人降职一级,月薪下调5000元。而数字营销团队主管,作为间接当事人,因监管不力,除了降职一级,月薪下调5000元,还被冻结个人职级晋升、涨薪12个月,年度考核等级不得高于B。

在上述案例中可以发现,华为在处理不良事故时,除了处罚直接当事人,还会间接处罚相关主管,这也是华为惩罚措施中的连带责任制。

华为规定,管理者因连带责任受到的惩罚,包括但不限于警告、通报批评、检讨、弹劾、撤职、记入纪律处分数据库、降职和降级这八种。如2015年,当时华为员工提前就餐现象严重,任正非对此设立专门的惩罚制度,提前就餐的员工一经发现,就要罚款1000元,其直接主管也会被降薪100元。制度实施以后,员工再也没有出现提前就餐的现象。

华为的连带责任制根深蒂固,其作用范围不仅仅局限于企业中、底层管理,就连任正非等企业高管也会被连带责任所牵连。

2018年年初,一份《对经营管理不善领导责任人的问责

华 为 兵 法:
华 为 战 役 的 2 6 个 决 策

通报》从网络流出，立马在互联网引起轩然大波。通报显示：近年，部分经营单位发生了经营质量事故和业务造假行为，公司管理层对此负有领导不力的管理责任，经董事会常务委员会讨论决定，对公司主要责任领导作出问责，并通报公司全体员工。其中对任正非罚款100万元；郭平罚款50万元；徐直军罚款50万元；胡厚崑罚款50万元；李杰罚款50万元。

被处罚的5人均是华为的核心高管。任正非是华为创始人兼CEO，郭平、徐直军和胡厚崑三人均担任华为副董事长、轮值CEO，李杰则是华为常务董事、片区联席会议总裁，负责华为整个销售一线体系。

领导者应该"拿自己开刀"，这样才能让员工从内心深处对其充满敬意。此外，这种做法对于严肃纪律、强化规则，具有立竿见影的效果。

企业是以营利为目的的组织，业绩是衡量一名员工价值最直观的方法，华为在用奖金、晋升等方法正面激励员工时，也同样通过罚款、降级的方式，从负面角度激励员工，二者相结合，构成了一套完整的华为人力资源管理体系。

第四节
决策19：不合格的请离开

企业经营并非儿戏，要想在残酷的市场中取得先机，就必须对自己更残酷。长江后浪推前浪，淘汰该淘汰的人，用新陈代谢唤起组织活力。

新人只有两次机会

是不是办理了入职手续,就能成为真正的华为人?不,你还差三个月的努力奋斗。华为新员工入职,并不是意味着从此就能高枕无忧。相反,"危机"才刚刚开始。

为了保持组织内部的活力,华为营造的危机感无处不在。新员工面临的第一关,就是实习满三个月后的能力首次评议——转正答辩。

用答辩检验员工的学习和业务适应状态,是华为特色。一位在人生中场进入华为的程序员说,刚去部门报到时,看着华为员工像学生一样充满生机,颇为感慨和向往。

如果将华为比作流动的活水,那么答辩制就是刺激水流循环的第一个开关。所谓严进严出,答辩环节能激励人奋进,也能淘汰与华为价值观不相符的人。值得一提的是,华为的转正答辩体系是逐步建立丰富而来。1998年,华为还只有转正评价表,没有答辩制,到2000年以后,才慢慢形成转正答辩模式。

新员工转正答辩的评委通常由部门主管、新员工直属领导、新员工导师、部门资深员工及人力资源业务合作伙伴组成。评委数量较多,意在听取各方意见。主要考查的内容有:员工对部门工作的认识;对自身岗位职责和定位的理解;试用期做了哪些工作,工作思路是怎样的;工作过程中有什么改进的思路和优化的方法;工作过程中的感悟等。

华 为 兵 法:
华 为 战 役 的 2 6 个 决 策

答辩时间往往不会很长，只有10分钟左右。新人在最终得到答辩结果以前，始终都要紧绷神经，因为答辩的成绩直接关系到他们能否继续留在华为。答辩成绩分为A、B、C三个等级，分别对应优秀（Excellent）、合格（Good）、不合格（Below Expectation）三种评判标准。

得C的员工，在综合劳动态度、任职能力和工作绩效等方面的表现都不尽如人意，未能达到职位职责和要求——说明答辩不成功。新员工一共有两次答辩机会。一般在首次答辩的次月，还有一次答辩机会。如果合同约定的试用期过后，新员工第二次答辩仍然没能通过，将会被淘汰。所以新员工从一入职，就必须具有强烈的危机意识。

一般企业通常有两个转正方式。一是由新员工自己写一份转正总结报告；二是人力资源部将转正审批表转给新员工的上级领导，请其直接填写转正意见。华为的转正答辩与这两种方式相比，显然更有成效。不仅能激发人员组织的活力，还能促进员工对岗位的理解。新员工一进华为，就可以发挥主观能动性，在试用期就重视自己的工作，结合自身实际情况，去思考岗位，甚至理解工作背后的逻辑，而不只是被动听命令，简单执行领导的工作安排。华为有一个不成文的规定是，虽然答辩状态是一个重要的考查指标，但从根本上来说，新员工在实习期间的优异表现、突出贡献才是转正的法宝。

华为有一位光网络测试部的硬件测试工程师，在试用期的3个月中，都在专注做光接口、电接口和时钟指标的测试。转正答辩时，评委犀利地发问："你在华为几个月，只做了这

第 五 章
制 度

一件事？"这名工程师的导师就为他解释说："是的，他只做了一件事，但做到了120分。"因为经过日复一日的测试，工程师测算的约75%的指标都明显优于竞争对手20%以上，接口指标能力提升了近200%，帮助测试部在指标上构筑了光网络的竞争力。

还有一名无线网络研究部的华为人，在实习期间承担了模拟一片地区流量变化的系统级仿真任务，评估5G产品不同算法、硬件的能力。这名研究者善于创新思索，经过研究新算法，提升效率，最终成功地把处理数据的时间缩短了80%。这项成果在帮他获得转正答辩"A"的佳绩时，助力良多。

类似答辩这样的节点考查方式，让华为人在工作时往往自带一股动力。数股动力凝结在一起，也就让组织内部保持了生长的能力和变革的活力。

最后一名请离开

自1996年1月起，华为就提出"末位"的概念。到1999年时，华为在"末位"的概念后加入"淘汰"二字。

华为采取这一举措并不是突发奇想。当时，通用电气公司为保持公司竞争力，就曾采用一套"活力曲线"的淘汰制度。在活力曲线中，用比例固定的分配方法将员工分为A、B、C三类。A指最优秀的20%员工，B指70%一般员工，C指10%的"差生"员工。显然，这10%的C类员工最终会被公

华 为 兵 法：
华 为 战 役 的 2 6 个 决 策

司淘汰。这一活力曲线制度，为通用电气保持百年活力奠定了坚实的基础，也为华为的末位淘汰制提供了样板。

在对通用电气公司淘汰制度的借鉴下，华为将考核在A、B、C的基础上增加了D这一等级。同时，华为还重新分配比例，以达到适合华为自身发展的目标。在四个等级中，A表示优秀，能位于这一等级的员工大约占全部人数的10%；B为良好，占比为40%；而中间45%的C属于正常，但是如果连续三次考核都为C，那么该员工则无资格提出涨工资的要求；最后评为D的5%，便有可能面临淘汰的命运。至此，华为真正开始实施末位淘汰制。和通用电气公司一样，在等级评估时，最后评为D的那5%将会被公司劝退。

这一制度虽然看上去具有较强的严苛性，但华为在实施时还是加入了一定的灵活度。比如，对待老员工，华为就给予了很多宽容和保护的政策。任正非认为，老员工在华为开创和发展初期，做出了许多贡献，是他们创造了华为的今天。在公司转型时，很多老员工由于观念老旧，无法适应企业全新的发展速度，但华为没有一味地将之淘汰，而是看到了他们经验丰富，对公司文化理解深刻。所以最终华为决定将老员工调去其他适合他们发展的部门。事实证明，这一做法收效甚佳，有不少老员工转岗到其他部门后，不光开拓了新的天地，还带动年轻一代更加投入工作。

同样，对于被淘汰的新员工，华为也不是单纯采取直接放弃的态度。许多员工即使在被淘汰后，仍然可以依据个人能力和意愿，优先应聘其他部门的岗位，再次获得上岗的机

第 五 章
制 度

会。如果不愿意再应聘，直接选择离职，还可以获得一定的补偿金。另外，《基本法》还规定："利用内部劳动力市场的竞争与淘汰机制，建立例行的员工解聘和辞退程序；公司在经济不景气的时期，启用自动降薪制度，避免过度裁员与人才流失，确保公司渡过难关。"也就是说，只有对于那些真正没有能力，也不愿意吃苦受累的员工，华为才会将其裁员。

实际上，随着经济全球化的日益加深，保持活力已经成为企业生存发展的关键要务。打破平衡状态，不断提升活力，才是迎接挑战，保持竞争力的关键。而末位淘汰机制的内核正好可以给员工带来压力和危机感，起到充分激活组织动力的作用。

除末位淘汰外，华为也通过"从下到上"等其他做法来保持企业活力。比如第一，让基层保持饥饿感。任正非曾提道："企业的经营机制，说到底就是一种利益驱动机制。企业能保持活力，除了用目标、机会等外在的愿景牵引外，更大程度上，应该是受到内在利益的驱动。价值分配要向奋斗者倾斜，使那些真正为企业做出贡献的员工得到合理的回报，企才能具有持续的活力。"

所以，与其他只热衷于贩卖梦想的企业不同，华为对真正做实事的员工往往都给以实际的奖励。华为鼓励员工通过个人努力去证明自己的实力，并匹配以相应的利益来激发员工不断超越自我，不断保持奋斗的精神。

第二，让中层保持危机感。任正非说过："华为干部不是终身制，公司不会迁就包括本人在内的任何人。"干部是一个

华 为 兵 法：
华 为 战 役 的 2 6 个 决 策

企业的中坚力量，他们的认真负责和能力适宜对于基层员工工作作风的养成是一个很好的榜样，因此他们的重要性可见一斑。华为深知这点，因此在干部队伍的建设中，不断强调在实践中进行调整，不合适的干部要到更低一级去历练，同样，能力突出的干部也可向上申请更高一级的职务。

这也就是华为在后来提出的"能上能下"干部政策。后来这一政策也成为华为永恒的制度，是公司的优良传统。对此，华为认为"我们的干部不是终身制，高级干部也要能上能下。在任期届满，干部要通过自己的述职报告，以及下一阶段的任职申请，接受组织与群众评议以及重新讨论薪酬"。

无论是"末位淘汰"，还是以保持活力的"能上能下"，都是想要寻求一种良态化的新陈代谢。为企业摒除掉不适"前浪"，从而注入更新"后浪"，让华为始终在一种持续发展的状态下向前发展。

《EMT自律宣言》

2007年9月29日，华为在深圳总部举行了隆重的《EMT自律宣言》宣誓大会。华为的两百多名中高级干部、公司董事长孙亚芳、总裁任正非及其他EMT成员都到场参与宣誓。

大家肩并肩，紧靠着站成一排，一齐庄严地举起右手进行宣誓。他们向全公司所有员工庄严承诺："正人先正己、以身作则、严于律己，做全体员工的楷模""高级干部要正直无私,用人要五湖四海,不拉帮结派""绝不接触中国的任何国家机密,以及任何其他国家的任何国家机密"……身处现场的众人,无一不被那坦荡的浩然正气所感染。每个人宣誓时都表情严肃庄重,发出的声音也洪亮有力。

会上,公司最高管理团队表明将继续坚持公司提出的"聚焦管道战略,简化管理,力出一孔,实现有效增长;优化组织流程,激励绩优,利出一孔,提升效率效益"的发展战略。在集体宣誓后,从创始人任正非开始,每位EMT成员单独发表宣誓宣言,承诺将严格自律,接受公司审计和全体员工的监督。现场的掌声此起彼伏,激动的情绪表现在每个人的脸上。

其实早在2005年,华为内部就已召开了EMT民主生活会,并在会上通过了《EMT自律宣言》。之所以如此重视华为的"自律性",是因为随着华为体量的剧增,面对金钱的诱惑,如何防止内部腐败成了内部管理的重中之重。

在1996年,任正非就曾在财经采购系统的干部就职仪式上说道:"我们坚决反对中高层干部的腐化,持续不断地反腐败、反贪污、反盗窃、反假公济私、反不道德行为将是保持我们干部队伍廉洁奉公的有力武器和法宝。"

后来,随着公司体量和业务不断扩大,基层权力变大。如果监管力度不足,腐败就可能在基层滋生。由于华为业务分布较广,所以它在各地区都设立有销售部门,负责向经销商提供产品。起初为了更好地向客户推销产品,华为会下放给各销售部门一定的折扣控制权。但是,在折扣的使用过程

华 为 兵 法:
华 为 战 役 的 2 6 个 决 策

中,很容易产生腐败问题。比如就有经销商向华为的销售员行贿,想要拿到最大折扣。久而久之,甚至有员工主动向经销商索要贿赂。

华为高层很快就通过调查发现,能够利用公职便利来获取利益的员工,大都是华为的中高层干部。这些人就是华为要防范的"大老虎"。认识到中高层干部行为廉洁的重要性后,在2013年和2014年,华为连续两年都会就腐败问题要求干部宣誓。

为了遏制像员工主动向经销商索要贿赂这样的不当行为继续恶化,造成更加恶劣的影响,华为在2014年主动出击,开始对内部进行彻查。效果斐然,截止到调查结束,华为共查实116名员工涉嫌腐败,涉及经销商69家,共追回资金3.7亿元。华为遵循一贯奖惩分明的做法,也为弘扬洁身自好的良好风尚,它将追回的3.7亿元贿款全部拿出用来奖励没有腐败的所有员工,根据当时说法,平均每位员工在当月都分得2500元的奖金。

如果说在此之前,华为防止腐败的手段主要侧重通过企业文化和企业精神的约束性,那么之后,华为开始采取更加强硬的制度性手段。任正非意识到,要想杜绝腐败,必须从制度和监管下手,才能真正将这种不良风气扼杀在摇篮之中。同时他还强调,"监督岗位工作要成功走向科学化、程序化,改进方法,提高技能;干部离任要审计,在任也要审计;内控、监管不是阻止速度,而是让流程健康、顺畅地运行"。

截至2019年,华为年销售额已达到8588亿元,营业利润

第 五 章
制 度

达778亿元。内部的防腐、反腐都面临着比以前更加严峻的挑战，华为在不断的实践中也总结出一定的经验。比如为防止腐败在内部滋生，任正非在公司监管体系座谈会上发表讲话中要求设立三道防线：第一道防线便是设置业务/流程主管，他们在企业中主要承担内控和风险监管的责任，是企业内部防止腐败的第一人，能够在流程监管中解决企业95%的问题。

第二道防线是设立内控及风险监管的行业部门。作为稽查体系，他们的主要职责是协助业务主管发现问题，从而快、准、狠地解决问题。

第三道防线是内部审计，他们从某种角度来说，就是企业的司法部队，关于企业中的任何一件事都能一查到底。可以说，不管是纵向，还是横向，他们有权调查大小事情，以便在企业中建立冷威慑。

在反腐方面，华为更是采取绝不姑息的坚决态度。在华为，凡是被发现有腐败行为的员工，任正非的态度就是一律辞退，严重者甚至还会追究法律责任。不仅如此，他们还会通过官方网站，面向社会公开因腐败而被辞退的员工名单，来增加威慑力和员工违规的成本。

正如任正非在《内外合规多打粮，保驾护航赢未来》讲话中所说的那样，华为"不能因为腐败而不发展，也不能因为发展而宽容腐败"。要在不断发展的过程中，通过一系列积极的行动将腐败扼杀在萌芽之中。只有这样，华为才会有更好的明天。

华 为 兵 法：
华 为 战 役 的 2 6 个 决 策

第五节

决策20：员工持股计划

截至2019年，华为的员工总数约有15万人，而在其"员工股票期权计划册"中记录的人数就约8万人之多。也就是说这8万的华为员工，他们手中持有公司约99%的股份，是名副其实的"掌权人"。

1990年，华为还处在创业阶段，没有强大的背景，银行不给提供借贷，融资困难。在这种情况下，华为为了稳住创业团队，留住人才，同时保持业务的顺利进行，采取了股权分配的方式。这时，员工直接用现金来认购实股，以此获得自己的股权。

当时，员工以每股1元的价格购入公司股票。每个持股员工手中还会有华为所发的股权证书，并盖有华为公司资金计划部的红色印章。这期间，虽然华为的净资产一直在增长，但每股1元的认购价格一直未改。这样一来可以帮助企业降低现金的支出，二来还可以用认购实股的方式来集资，解决了当时融资难的困境。

这种激励方式维持了几年，到1997年，华为公司对股权结构进行了改制。这之前，华为由深圳市华为技术有限公司和华为新技术公司共同持股。但改制之后，华为股东会议上决定，两家公司员工所持的股份分别由两家公司工会集中托管，并代行股东表决权。也是这一时期，随着员工数量的增多，实股无法细分到每个人，已不能适应华为股权模式的需要，经过商讨，他们将实股更改为实股加虚拟股的方式。

虚拟股是华为投资控股有限公司工会授予员工的一种特殊股票。它的使用相当于对持股范围进行了扩充，可以使更多的人享受到股权激励。拥有虚拟股的员工，可以获得一定比例的分红，以及虚拟股对应的公司净资产增值部分，但相较于实股存在一定局限性，即没有所有权、表决权，也不能转让和出售。并且在员工离开企业时，虚拟股也只能由华为控股工会回购。

同时，虽然持股员工通过选举产生股东代表，通过股东代表大会行使其应有的权利，但事实上，在虚拟股制度下，持股员工的权利仅限于分红和股价增值收益，不涉及产权，而掌握实际权利的是华为控股股东会。

换句话说，华为员工所持股票事实上只有分红权，员工整体以社团法人存在，而社团法人体系下，相互维系的关键并非股权，而是劳动合同。从本质上来说，这只是华为单方认可的员工股权，不是法律上员工具有所有权的股权，而是华为和员工通过契约方式约定的一种虚拟股权。

之后的时间里，华为不断通过调整股票的分配方式来实现员工激励。

2008年，全球次贷危机爆发，华为也受到危机影响。为稳定军心，华为再次对股权制度进行调整，实行了饱和配股制。也就是说，这时不同员工的配股规定有了上限。比如，级别为13级的员工，即本硕毕业的员工，他们的持股上限为

华 为 兵 法：
华 为 战 役 的 2 6 个 决 策

2万股，14级干部为5万股。而每个级别达到上限后，就不再参与新的配股，只有晋升到上一个层级，才有资格继续购买。

员工持股计划阶段性地解决华为资金问题，让公司全体员工形成利益共同体。但由于股票一旦发放，员工除了离职则可以长期持有，这让很多老员工形成了既得利益层。为了解决公司员工不断增加，新老员工持股不平衡的情况，手中持股数量巨大的华为老员工们配股受到了限制，通过动态的分配，更有利于激励华为公司新员工们。

并且在额度有限的情况下，配比也不是平均分配。华为将优先考虑关键岗位员工、骨干员工、海外艰苦地区员工这些为华为发展做出卓越贡献员工的激励情况。以这种突出区别的方式，激励全体员工以奋斗者为本，长期艰苦奋斗。

华为从持有实股到持有虚拟股，再到饱和配股，每一阶段都是根据华为的实际情况而定制的股权激励机制。通过这样的方式，华为虽然没有上市，却也一直未受到资金短缺的困扰。甚至跟上市公司相比，上市企业发行新股的操作成本相对较高，而华为的虚拟股却可以无限增加。另外，这种公司内部发行的股票，几乎没有监管成本，无形之中规避了很多上市公司面临的诸多问题。

不仅是公司，员工通过持股计划也能获得长期的激励。它解决了短期奖金带来的激励效果不持久的问题，让员工在公司工作期间保持持续奋斗。其中，饱和配股还能强化员工的责任意识，把结果落到实处，形成有贡献才有奖励的模式，

第 五 章
制 度

这也是华为薪酬体系中的重要组成部分。

以上所说的所有股权方式都有同一个规定,那就是要求必须是"中国公民"。但随着华为体量的不断发展,其外籍员工越来越多。为了解决外籍员工无法参与股权分配的问题,从2013年起,华为为外籍员工特别推出TUP(Time Unit Plan,时间单位计划)。2014年,也对国内员工推行。TUP计划每年根据员工岗位及级别、绩效,分配一定数量的5年期权和增值权,员工不需花钱购买,便可获得相应的分红权,5年后清零。

无论股权分配以何种方式进行,其目的都只有一个,那就是激励业绩优秀的骨干人才更好地为公司服务,同时也激励那些没有持股的员工能努力工作,争取早日获得持股资格,获得更多来自公司的激励。

第六节 | 决策21:红军蓝军打对抗

任正非在一次内部讲话中提到了"红军"和"蓝军",这引起外界的兴趣,"潜伏"多年的"蓝军"业务精兵进入公众视野。

"蓝军"原是一个军事领域的名词,是指在部队模拟对抗演习中,专门扮演假想敌的部队。它通过模拟对手的作战风格,扮演世界上其他任何一支部队,来对红军(即正面部队)不断发起进攻,从而加强两军的作战实力。按任正非的说法,

"蓝军要想尽办法来否定红军"。

具体来说,"红军"代表着华为现行的战略方向和发展方案,而"蓝军"则代表着主要竞争对手或创新型的一套发展模式。"蓝军"的主要任务是"唱反调",模拟对手可能出现的操作,以及采用非华为系统内的做法与其对抗。通过这样的自我鞭策,始终不忘危机意识,让华为在良态的竞争环境中不断前行。

事实上,这个看似"反派"的"蓝军"在华为早已不是新鲜组织。多名华为资深员工在接受媒体采访时均提到,华为很早就有这个部门了。但当问起这个组织的详细情况时,却又都说不上来。一名华为资深管理人士解释,"蓝军"其实是华为战略管理部门下属的一个分支。值得注意的是,战略管理部门是华为整个集团的核心职能平台之一,在华为的发展中具有举足轻重的地位。

截至2018年,华为的"蓝军"已拥有了可以批评任正非的权利。他们凭借专业的能力和对华为全方位的了解,对华为体系中的不足提出意见。在华为,如果一个产品能在"蓝军"的攻击下存活下来,那一定经过千锤百炼,具有极强的竞争力。这也是华为组织的竞争力所在。

实际上,"蓝军"在2005年开始组织筹备。当时的通信市场还是2G的天下,但新产品和新技术都在研发的路上,因此行业内已经有人开始前瞻未来,预测移动用户的数据流量将出现爆发式增长。那时,无线家庭基站(也称Femto Cell)这个词开始频频出现。

第 五 章

制 度

Femto Cell 是一种应用于家庭或办公区等室内环境的新型无线基站，由于操作技术简单，信号的提升效果显著，被广大运营商所看好。一时间，深圳涌现出许多打算投身于此的企业。与之相适应的无线产品也是五花八门、各式各样，就在此时，华为高层为了让其从同类型的产品中脱颖而出，决定创建一支"蓝军"。

很快，蓝军通过模拟其他厂商，不断对华为自己的产品发起攻击。而华为也在被攻击的过程中，不断完善新产品。最终在2009年时，华为完成了Femto基站的建设，率先抢占了大部分市场。有了基站的良好口碑，其研发的产品也受到了市场的欢迎。

蓝军在无线产品方面取得的成功，引起了任正非的注意。任正非觉得这个做法可以推广到整个集团，便立马组织其他产品线学习借鉴。2006年，蓝军参谋部成立，并派遣郑宝用担任其总指挥。较之之前的蓝军，此时的蓝军参谋部业务有所拓展，除了扮演竞争者、跟本部业务模拟竞争外，还要观察分析华为内部制定的战略和模式，并在其中找出缺点从而进行专项击破。

"蓝军参谋部"主要职责包括"从不同的视角观察公司的战略与技术发展，进行逆向思维，审视、论证'红军'战略/产品/解决方案的漏洞或问题；模拟对手的策略，指出'红军'的漏洞或问题"❶。

---

❶ 田涛，吴春波.下一个倒下的会不会是华为[M].北京：中信出版社，2017.

和现实军事演习中的红蓝军对抗一样,华为内部蓝军获胜的唯一条件,就是要"打倒"作为红军的华为相关部门,甚至思考如何摧毁华为。因此,蓝军会以一个"外来者"的角度,从不同的维度和方向去观察、分析红军制定的发展战略和技术发展路线,唯一的目的就是找出它们的缺点和不足,从而一举击溃。

如果战略暂时找不到错误,他们会采用逆向思维,推演、分析红军的产品、执行方案和解决方案,从而找到漏洞。如果红军部门能够顺利过关,接下来蓝军部门就扮演成华为的竞争对手,以模拟竞争的形式来对抗红军,在"实战"中检验红军的战略、产品和各种方案。

华为这种自我对抗的模式逐渐彰显其应对挑战的灵活性和关键性。在发展过程中,蓝军立下赫赫战功,帮助华为避免了很多损失。2008年,华为没有卖掉手机终端业务,就有蓝军的作用。在当时的讨论会上,郑宝用极力反对,并将手机市场调研进行汇报,提交了一份详细报告。蓝军在报告中指出:在未来,手机终端对华为非常重要,如果放弃手机终端,华为的未来将面临战略被动。

抱着试试看的态度,任正非最终接受了蓝军的意见,放弃卖掉手机终端的想法。到2020年上半年,华为销售收入达4540亿元人民币,其中手机所在消费者业务收入就高达2558亿元人民币,占整体销售收入的56%。这一数字充分证明蓝军的市场调研正确且具有一定的前瞻性。

就像战略学专家金一南教授讲的那样,"小赢靠朋友,大

第 五 章

制 度

赢靠敌人"。蓝军是华为内部自我批判的一种形式,也是华为通过内部竞争,来增加组织活力的重要方法。华为正是在红蓝两军不断的碰撞之中不断摸索、寻找问题的解决办法,并在不断解决问题的过程中,更加完善内部体系。

第七节 决策22:"接班人"有轮班

1998年,华为邀请IBM进驻公司重塑管理体系。IBM在设计公司组织结构时,认为华为缺少中枢机构。于是,任正非和时任董事长的孙亚芳决定做点什么。2004年,华为成立经营管理团队(Executive Management Team,EMT),成员为任正非、孙亚芳以及六位分管不同领域的副总裁。同时规定,公司往后任何重大战略决策皆由EMT商讨决定。

针对EMT的成立,孙亚芳曾直言:"八年的EMT会议讨论的不是公司日常业务,大多是公司的战略方向、治理架构、流程制度。"只有体系回到正轨,业务才能没有后顾之忧地顺利开展。原本华为的EMT会议只由八位成员参加,但运行两年后,任正非将参会人员扩大到相关主管级别。任正非之所以这么做,是因为他要快速培养起一个专业团队,为以后的接班人做准备。

虽然成立了EMT进行集中决议,但这一组织仍需要主席才能运行日常工作流程。任正非的拒绝任命让这一职位始终

华 为 兵 法:
华 为 战 役 的 2 6 个 决 策

空缺，加上又有培养接班人的目标，于是便提出由团队成员担任轮值主席。按每轮任期半年计算，到2011年，轮值主席制已走过两个循环。

经过8年轮值历练，六位副总裁大都被成功选入新一届董事会名单。华为便顺应改革，将EMT变更为董事会常务委员会。其中，轮值主席制改为董事会领导下的轮值CEO制。之后，公司CEO一职由原EMT成员郭平、徐直军、胡厚崑轮流担任。每人的轮值期不变，依旧是六个月轮一次。

郭平1966年生人，1988年加入华为，曾任华为产品开发部项目经理、供应链总经理、总裁办主任，也担任过华为首席法务官、流程与IT管理部总裁、企业发展部总裁、华为终端公司董事长兼总裁、财经委员会主任等职务。

徐直军1967年生人，1993年加入华为，历任过公司无线产品线总裁、战略与Marketing总裁、产品与解决方案总裁、产品投资评审委员会主任、战略与发展委员会主任等职务。

胡厚崑1968年生人，1990年加入华为，曾任公司中国市场部总裁、拉美地区部总裁、全球销售部总裁、销售与服务总裁、战略与Marketing总裁、全球网络安全与用户隐私保护委员会主席、美国华为董事长、公司副董事长、人力资源委员会主任等职务。

轮值期间，轮值CEO是公司经营管理以及危机管理的最高责任人，也是公司最高的行政长官，对企业的生存发展负责。公司董事会常务委员会，以及经营管理团队的相关会议都由轮值CEO负责召集和主持。

第 五 章
制 度

此时,他们不再只专注于每个人的专业领域,而要着眼公司全面的发展战略和团队制度建设,包括根据外部环境变化调整策略等。比如2017年4月1日到2017年9月30日,属于郭平的CEO轮值期间。六个月里,他积极和西班牙发展部部长伊尼哥·德拉·塞尔那、捷克共和国总统泽曼等人会见协商,达成了多项海外合作。

在轮值制度施行之前,海外业务的开展都由曾任全球销售部总裁的胡厚崑负责,但轮值之后,只要任期内发生和华为有关的事务,无论是否涉及轮值CEO的主管业务,当时的管理者都有责任开展正常合作交流。

轮值的好处在于遇到决策失误可以及时纠正。一方面,由于掌权者不固定,为不影响因轮换而造成业务空置,华为将日常经营决策的权力进一步下放给各部门或业务组。这样的结果是,即使领导者缺席,公司业务也能顺利进行。另一方面,如果一位轮值CEO决策失误,下一轮的轮值CEO能及时纠正挽回损失,避免出现因问题累积过重而无法解决的局面。

对于轮值CEO自身来说,可以得到全面历练,培养领导者的多种能力。同时,不固定地任职掌权,有助于管理者全身心投入全局利益。正如任正非在《一江春水向东流——为轮值CEO鸣锣开道》中提到的:"每个轮值者,在一段时间里,担负了公司COO的职责,不仅要处理日常事务,而且要为高层会议准备起草文件,大大地锻炼了他们。"

另外,正是这种轮值制度,使得公司能够平衡各方矛盾,

华 为 兵 法:
华 为 战 役 的 2 6 个 决 策

杜绝个别人形成"小团体",实现公司均衡成长。任正非也写道,"公司的山头无意中在这几年削平了"。

2019年和2020年,华为一直处于国际竞争的风口浪尖,从首席财务官孟晚舟在加拿大遭非法拘押到芯片断供,挑战一个接一个。三位轮值董事长也在这般环境中,直面困难,解决问题。

以郭平为例,他一上任,面对的第一个挑战便是孟晚舟在2019年春节被加拿大非法拘押。他在对员工的新年致辞《不经艰难困苦,何来玉汝于成》中强硬地表示,这是极端的不公平事件,并在文章中指出:华为不会因为一时一事的恶性事件、挫折便消沉了领先世界的锐气,而是会越挫越勇。

2019年中,半年任期快结束时,针对美国禁止本土企业使用华为产品的法令,郭平也采取果断行动。他在华为深圳总部的发布会上宣布,将起诉美国政府,控告美国"2019财年国防授权法"违宪。

2020年4月到10月,他开始新一轮任期,又遇到华为芯片断供事件。面对美国的打击,他丝毫不惧,甚至上任之初便开通推特,对美国总统放言"美国才是网络安全的威胁者"。在9月初与新员工的座谈会上,他发表题为《不要浪费一场危机的机会》的演讲,以稳定军心。

另外两位轮值董事长也在任期内外做出贡献,正如徐直军在华为2019年年度报告的发布会所言,他们三个的主要目标都在于"在2020年让华为力争活下来"。

轮值管理制度本意是为培养接班人而设立,但10年已

第 五 章
制 度

过,华为接班人却迟迟没有定论,外界难免对这一体系提出质疑。目前主要有两种推测,一种是认为轮值时间较短,轮值董事长并未真正掌握公司的整体运行管理就被轮换了。

另一种声音认为,三位轮值董事长分属华为的三个不同领域,难免存在不熟悉的业务。就2011年到2017年为例,郭平兼任华为财经委员会主任,负责"管钱",胡厚崑任人力资源委员会主任,这是"管人",而徐直军任战略与发展委员会主任,负责"管事"。

这两种观念都直指轮值管理制度的弊端,权力分散不利于全局统筹管理。

华 为 兵 法:
华为战役的26个决策

华为兵法：
华为战役的
26个决策

HUAWEI

第六章

激 活

企业在管理过程中通常会遇到两大问题：无法适应外部变化，无法保持内部激情。实际上，二者本质都是自我驱动力的缺失，也是内部激活的缺失。只有个体得到激活，组织才有可能散发出生命力，才有可能展现创造力。而一个有生命力、创造力的组织，不管处于怎样的环境，都能泰然自若、迎刃而解。因此，现代组织管理的重要核心是激活。

华为源源不断的生命力来自外部危机和压力的内部传递，通过合理的置换，让每个员工处于激活状态，避免其退化、沉淀。

第一节　决策23："押注"研发人才

"亲贤臣，远小人，此先汉所以兴隆也；亲小人，远贤臣，此后汉所以倾颓也。"对于任何组织来说，优秀人才的任用，往往能在组织发展过程中起到至关重要的作用。

华为在发展早期，就拥有郑宝用和李一男两个难得一遇的研发天才。也正是因为任正非知人善用,敢于押注二人,才能在初期取得研发上的巨大突破。

启用郑宝用

促使华为成功的因素有很多,技术研发、引进人才都是其中的重要构成,而在创立之初,任正非就曾因为对技术的不甚了解而遍寻人才。

为了招纳人才,任正非将目光投向了中国各大理工院校,希望能招来有学识、有技术、有志向的大学生。他亲自走访了清华大学、华中理工大学(现华中科技大学)等高校,想尽一切办法邀请教授、老师和学生来华为参观。虽然不是每个人都相信任正非描绘的远大蓝图,但他相信只要可以打动一个人,自己的努力就没有白费。

在参观华为的人走了一拨又一拨后,终于有一个人被任正非的远大抱负和诚恳态度所打动,当即决定留在深圳,那个人就是郭平。1988年,郭平从华中理工大学硕士毕业。本可以留校任教的他,在和任正非交谈过后,果断改变主意加入了华为。据他回忆,之所以会毅然决然地选择华为,也是因为他被任正非身上的那股劲所打动。当时任正非一个人扛着一台40门的程控交换机,千里迢迢从深圳坐火车到武汉来拜访他的导师,所以他有一种直觉——任正非在将来的通信市场上必有所为。

第 六 章
激 活

郭平的加入，让任正非欣喜不已。出于对人才的倚重，郭平一来，就被委以重任。任正非直接任命他为交换机下一步研发的项目经理。郭平毕竟初出茅庐，难免对带队作业不擅长，加上研发也不是一件容易的事，仅凭一人之力很难实现，所以他在带队研发的过程中，一有时间就回学校，向老师和同学请教。来往多次后，他也不时向老师、同学发出加入华为的邀请。就这样，郭平作为华为与高校人才沟通的桥梁，陆陆续续地为华为引入了许多优秀人才，这其中就包括郑宝用。

　　郑宝用是郭平的大学校友，也是他的师哥，二人在上学期间相识，并始终保持联系。但和郭平硕士毕业后直接进入华为不同，郑宝用在研究生毕业后，考上了清华大学的博士。看似没有交集的人生在1989年发生了变化，当时，华为已和多家院校建立合作关系，从引进人才也拓宽到引入学校的研发技术。

　　郑宝用作为技术指导被派去华为实习，到公司后，他立刻被华为的研发氛围所感染。时间久了，任正非对于这个能力超群的"宝博士"也青睐有加，直接任命他为华为总工程师，并竭力劝说他留下和他们一起干。而郑宝用也被任正非的人格魅力所打动，认为他口中的华为愿景与他想要实现的梦想同路，又在好友郭平的劝说下才最终加入华为。当然，任正非也向郑宝用许诺了月薪、公司股份，以及年底还有分红的高薪待遇。

　　因此，郑宝用放弃了继续回清华读博，而是留在华为，和好友郭平一起搞新交汇处的研发。对此，任正非曾欣慰地说道："公司以后看你们的了。"

华 为 兵 法：
华为战役的26个决策

郭平和郑宝用带队后,公司的研发水平一下得到了质的飞跃。为了使华为在行业里更富竞争力,能够拥有自主研发的产品,郑宝用带着几个懂技术的核心员工苦心钻研,据说连除夕那天晚上他们还在搞研发,就这样华为才终于有了自己的独家产品——HJD48小型模拟空分式用户交换机。

郑宝用对于华为的重要性,任正非曾在内部会议上直言:"1人顶10000人"。这也是因为他在华为关于通信技术产品的研发中的确做出了很多卓越成绩,比如他成立了华为中央研究院,开始正式建立华为研发体系,而这一体系仍影响着华为至今的研发进程;在1989年,他因为激光自动对准光刻机的研发而荣获国家科技进步三等奖;在1995年时,又凭借为华为研发出C&C08交换机,荣获国家科技进步二等奖;后来又陆续成为国家"S-863"计划专家组成员和国家光电子专家组副组长,以及在国家通信领域也取得一定建树,成为国家"306"项目专家组成员。

而其中C&C08交换机的研发问世,直接将华为从名不见经传的小作坊,直接推向了有过硬实力的通信企业。可以说,郑宝用在华为的创业史上具有举足轻重的作用。

"抢占"天才少年

截至2018年年底,华为在全球拥有接近18万员工。其中,全球研发人员占公司员工总数的45%。也就是说,有接

第 六 章
激 活

近8万华为员工在进行研发工作。从数据可以看到华为在研发人才上的巨大投入。

2020年一条关于华为招聘4位天才少年的新闻引起了人们热议。4位天才少年的研究方向和华为高度契合，在上学时期科研成果丰硕。在薪资方面，每位天才少年的年薪都是百万起，进入企业的初始层级也比别人更高。例如，拿到最高一档薪资（年薪182万～201万元人民币）的张霁是华科武汉光电国家研究中心计算机系统结构2016级博士研究生。他的研究方向主要依托于人工智能与计算机体系结构，智能系统优化技术研究。博士期间以第一作者在ATC、DAC、ICPP、SIGMOD等会议和期刊上发表论文多篇。

一直以来，华为就以一种"押注"式的姿态投入到研发人才中。

创立之初，企业名气不大，在人才吸引方面有难度。任正非直言，要敢于去"抢"人才。而这些人里面，大多数都是技术研发人才。例如，在邮电部开培训会时，交换机方面的人才会从各地赶来，华为就抓住这些机会去"抢人"。即便是一些普通的会议，华为仍然会派骨干去，目的就是挖掘人才，与人才面对面谈话。那些曾在邮电研究所工作，后来效力于华为的员工也有挖人的"任务"。他们会到单位去挖掘人才，引荐人才到华为。每成功引荐一个人才，就能获得相应的奖励。那时，华为还有专人驻扎在每个目标研究机构的附近寻找人才。

全国的各大高校也是人才的摇篮。1992年开始，华为就和全国各名牌大学合作，建立良好合作关系，设立奖学金、教学金、贷学金，为那些家庭条件差，但成绩优异的学生提供"寒窗学子奖学金"，这些都为之后的人才招引奠定基础。

1994年，华为组织夏令营，70多位中科大少年班的同学参加。华为为每位同学配备电脑，期间所有费用都由华为承担。后来，华为很多研发部的骨干就是这次夏令营中的成员。

随着华为国际化进程的进一步加深，并在多个研发领域进入"无人区"，企业对研发人才更是渴求。在新的时期，华为招引研发人才也有新举措。其中，全球各地建联合创新中心、研究中心就是大手笔"押注"人才的表现。到2020年，华为已在国内打造出8大核心研究所，并在全球范围内建立了16个全球研发中心、36个全球联合创新中心。这些机构是华为的"大脑"，机构中的每一位研发人员都是华为创新研发、高速增长的动力来源。

以前很多企业的想法是人才引进，但实际却很难做到吸引国际优秀人才，很多人不愿意离开自己的国家，华为的做法就是"山不过来，我过去"，哪里有人才，就把研究院开到哪里去。按照在所在地设立研究所或研究中心，辐射当地高校和吸引当地人才的想法，华为把研究中心设立到了全世界。

在基础科学研究方面，我国与传统强国的差距明显，且短期内并不能弥补。华为就去这些领域厉害的国家设研究中心，以华为2016年在法国布洛涅市设立的数学研究中心为例，该研究所的员工全部为博士及以上学历，超过80人。80人或许看起来不多，但在数学这个方向上已经是很壮观的数字了。

第六章

激 活

美国一所普通大学数学系一般教职工也就20人左右。北大作为中国数学的领跑院校，其教授副教授相加在100人上下。

2017年11月17日，华为和英国电信联合宣布与世界一流学术机构剑桥大学成立联合研究合作小组。这个为期五年的合作计划，一共投资2500万英镑，其目的是为了巩固英国在信息通信技术领域的全球领先地位。重点研究光电技术、数字和接入网络基础设施、媒体技术等。

在国内，华为继续和各大名牌高校积极合作。华为在国内设立8大研究所，其目的也是想辐射所在地各大高校，必要时和高校研究人员一起攻关技术难题。例如，华为北京研究所在1995年就成立了，业务范围包括IP研发、手机核心研发、高端研发。国内顶尖的清华大学、北京大学、北京理工大学、北京邮电大学等高校都与华为有过密切合作。2019年10月，华为还和清华大学联合成立了清华大学-华为技术有限公司联合研究院，这意味着清华成为华为的技术后盾。

包括建立联合研究院在内的诸多做法实际是华为让人才"为我所用"的表现。为我所有与为我所用，虽然一字之差，但意义大有不同。为我所有是指将人才聚集起来，招到公司里来。为我所用则强调把人才聚集到生态领域中，不一定非要招揽到公司来，只要能"用"到就行。面对高级人才稀缺的问题，如果一直是"为我所有"的心态，对人力资源是一种限制。"为我所用"则能够以开放的态度聚集更多优秀人才。

华为在全球的36个联合创新中心就是将外部人才为我所用的代表。以沃达丰为例，作为帮助华为撬开欧洲市场大门

华 为 兵 法：
华 为 战 役 的 2 6 个 决 策

的运营商，十几年来华为跟沃达丰的合作非常密切。从2006年开始，华为和沃达丰陆续合作成立了6个联合创新中心。最近的一个联合创新中心创建于2015年，即成立OpenCloud联合创新中心。从基础设施、云应用等物联网领域合作，目的是合作更多创新性端到端服务方案。

人才是企业未来发展竞争力的关键，也是华为持续高速增长的主要原因，未来企业的竞争，就是人才的竞争。企业想要发展，就得紧握人才资源，灵活应用人才。

第二节 决策24：集体大辞职

如果要选出华为发展历史中争议最大、讨论最多的一件事，莫过于2007年的"集体大辞职"事件。

这次辞职被外界冠以"华为辞职门"，向来被媒体以"门"称呼的，多是那些极具爆炸性、能广泛引起公众关注和讨论的事，并且带有一定的负面色彩。

由此可见，2007年华为集体大辞职的影响巨大。

全员辞职事件

2007年10月，正在稳步发展的华为做出了一个重要决定：所有工龄超过8年（即1999年前入职）的员工，必须在

2008年元旦之前，上交一份千字《辞职报告》，主动申请自愿辞职。离职员工可以在离职后6个月内再次应聘，如果通过，则可与公司重新签订1～3年的劳动合同，恢复原岗薪酬不变。如果没有通过，华为会给予离职员工一笔补偿。另外，由于老员工大部分都持有华为的内部股份，辞职6个月期间，公司为员工保留股份，若不再续签合同，公司将按股价给员工兑现成现金。

这不是华为第一次集体大辞职。上一次发生在11年前，同样的内容，同样的规则。只不过在1996年，华为是迫于资金问题而采取的办法。2007年则是华为为激活组织动力做出的主动选择。

1996年1月，任正非要求市场部所有的办事处主任向公司提交两个报告：一个是辞职报告，表明个人能力已不能适应公司的发展需要；另一个是改进报告，即如果公司继续留任，该干部要如何改进。

如此行为是华为创始人任正非和时任华为董事长的孙亚芳商量之后的结果。因为当时华为的员工人数已发展至2500多人，但人数剧增带来丰富效益的同时，也突显出很多管理上的问题。当时，华为业务分散各地，总部领导无法兼顾，因此衍生出很多"办事处主任"，他们有权对其分管地区的各项事宜作出决定。时间一长，难免出现"诸侯割据"的现象，并且华为内部很多干部仗着自己曾经的功劳，开始"倚老卖老"。这些问题都严重滞后了华为业务的发展，因此任正非和孙亚芳决定以重要部门——市场部为例，开始整顿干部固化

华 为 兵 法：
华 为 战 役 的 2 6 个 决 策

的不良风气。

最后由公司决定接受每位办事处主任的哪份报告,据说,当时有30%的中高级干部从市场部管理岗位退位。而在这次集体大辞职中,毛生江成为一个典型。当时,他是市场部的代理总裁,地位仅次于孙亚芳。但是由于业务不达标,他主动辞掉代理总裁职位。而后,其他市场部的干部紧随其后,也都递交辞职报告。

10年后,华为在2007年再次发起集体大辞职。这一年的12月29日,华为发布《关于近期公司人力资源变革的情况通报》以对这一年的集体大辞职进行说明:"在全球化经营环境下,公司内部管理必须持续保持激活状态,任何时候我们都不能放弃艰苦奋斗。不断清除影响公司内部保持活力和创新机制的东西,才能在激烈的国际化竞争中存活下去。"

此次集体大辞职规模比1996年那次更甚,共涉及6687名中高级干部和员工,其中就包括任正非本人。在六个月内的再次竞聘中,包括任正非在内的6581名员工完成了重新签约上岗,共有38名员工自愿选择退休或病休,52名员工因个人原因自愿离开公司寻求其他职业机会,16名员工因绩效及岗位不胜任等原因,经双方友好协商后离开公司。对自愿离职员工,华为给出了"$(N+1) \times X$"模式的补偿方案,其中N是该名员工在华为的工作年龄,X是该员工当年的年平均收入。

借集体大辞职的机会,华为重新洗牌了原有的工号制度,按照新的干部体系进行重新编号。在这之前,工号是华为最为神圣也最具权力的象征。一个人的工号数字越小,说明在

第 六 章

激 活

公司的资历就越老,地位往往就越高。这种工号文化,在无形中建立了一种等级,极不利于公司的长久发展。重新洗牌工号后,不再按资排辈,所有人回到同一起跑线,让新员工看到晋升的希望。任正非的工号也由原来的001变成了六位数。

  这场辞职事件,是华为在发展过程中对内外部威胁做出的一次预警反应,是高层管理者做出的一场自我革命。它打开了新员工的晋升渠道,让人才更具热情和动力,增强组织的活力和战斗力。

  当然,任何一次改革必定伴随非议,这次事件被媒体大肆曝光,华为也在此次事件中,被扣上"过河拆桥""无良资本家"的帽子。内部小部分员工也因为这件事开始感到在华为工作缺乏安全感,有人也试图拿《劳动法》捍卫自己的合法权益。

  任正非作为决策者,对于这次集体大辞职也是无比的心痛。一方面,这些人都是华为的老员工,是他们帮助华为度过了最艰难的时期,现在华为慢慢好起来了,这时让他们离开,实在有些不忍;另一方面,市场的竞争是激烈的,企业唯一要做的,就是在残酷的环境中生存下去,为了生存,这一步不得不迈出。

  不论是1996年的市场部大辞职还是2007年的集体大辞职,都对华为影响重大。这在任正非的讲话中可知一二:"大辞职对构建公司今天和未来的影响是极其深刻和远大的。任何一个民族,任何一个组织只要没有新陈代谢,生命就会停止。如果我们顾全每位功臣的历史,那么就会葬送公司的前

华 为 兵 法:
华 为 战 役 的 2 6 个 决 策

途。如果没有集体大辞职所带来对华为公司文化的影响,任何先进的管理,先进的体系在华为都无法生根。"

人才要能上能下

华为大学某间教室的墙上,贴着《战争论》的一句话:战争打到一塌糊涂的时候,将领的作用是什么?就是要在看不清的茫茫黑暗中,用自己发出微光,带领队伍前进。

干部是引领团队前进的关键角色,如何保证干部群体活力?在华为,考核不达标就降级,是一个非常直接的方式。任正非特意发表讲话,关心被降职的干部,叮嘱他们要调整好心态,正确地反思自己,不能自怨自艾,也不能牢骚满腹。在哪里跌倒,就要在哪里爬起来。新岗位就是最好的试金石,要用实际行动来证明自己。知耻而后勇,善莫大焉。

在华为,毛生江上上下下的任职经历是一大经典案例。在1996年的集体辞职中,他辞去代理总裁职位。1998年7月,被"下放"到了山东办事处。职位的"一落千丈"难免让人产生巨大心理落差,但毛生江迅速投入工作中,将自己的才能发挥到了基层。

因前任负责人们始终没有打通"经脉",导致山东办事处问题重重。毛生江就位后,大刀阔斧搞改革,重新打造当地的管理体系。效果立竿见影,办事处工作效率迅速得到提升。同时,毛生江运用丰富的市场经验,快速打开了久攻不破的山东市场。一年时间内,华为在山东的市场销售额同比增长50%,回款率近90%。❶2000年年初,因毛生江表现出色,又被公司召回,并再次任命为执行副总裁。

任正非欢迎如毛生江一样,降职之后再拼出一片天的干部。对于毛生江的回归,他曾给予很高的评价,认为这代表了一种"能上能下"的精神。

这一时期,能上能下,保持内部流动,成了华为干部群体的一大特色。与其他企业不同,华为对干部的要求是职位有多高,责任就有多大。一旦发现干部没有责任感,无法履行带领属下一起奋斗的职责,华为就会撤销干部的职权,同时离开相应的岗位——要么离职,要么降职。

对干部而言,能上能下的任职方式,是一种压力,也是一种动力。

华为干部不是终身制。员工可以终生在华为工作,但不代表可以终生在华为做干部。这让上任之后没有实际工作成效的干部具有危机感。任正非讲过:"我们不能迁就任何干部,因为客户不迁就我们。"

与"能下"相比,"能上"带来的感受则大多是欣喜。只是,欣喜的同时也常常伴随压力。因为一旦工作出现差错,干部随时可能降职。这种上下灵活的机制,很大程度上磨炼了干部的意志,还能提升干部的领导能力。比如,在下放过程中,干部角色转换,通过看别人做干部,还可反观自己的缺陷。最终,干部或许可以实现实力与岗位匹配,并再次回

---

❶ 黄继伟.华为内训[M].北京:中国友谊出版公司,2016.

华 为 兵 法:
华 为 战 役 的 2 6 个 决 策

归原岗。对企业而言，能上能下保证了干部队伍的活力，让企业人才管理进入良性循环之中。

比如，2001年，网优工程师尹玉昆进入华为工作。因为业绩突出，他先后被升任为网规网优经理、服务经理、客户经理。随后，他又在刚果金拓展市场时，经历了从客户经理、系统部主任到销售副代表的跨越。但是，随着对当地环境和业务节奏的熟悉，他慢慢产生了惰性。在一次业绩冲刺时，由于没有抓住当时代表处缺少订货的主要矛盾，而导致最终订单的失败。2010年年底，尹玉昆被通知在干部群体中遭到末位淘汰。而通知到达前几天，他还在给系统部主任搞培训。

于是，尹玉昆产生了离职的念头。心灰意冷之际，领导一个电话过来，问他愿不愿意去埃塞俄比亚。

2010年，华为公司级的重点攻坚对象正是埃塞俄比亚，因为竞争对手在此独家垄断电信市场长达4年。尹玉昆知道这是一个重新证明自己的机会，于是立即赶赴埃塞俄比亚，开始新的战斗。

埃塞俄比亚竞争的激烈程度，比刚果金高出几个级别。新的挑战激活了尹玉昆的斗志。他跟代表处的同事一起，反复研究客户关系，分析竞争对手信息，并制定竞争策略，发掘各种可能的机会点。尹玉昆在刚果金代表处锻炼出的组织运作经验，也在埃塞俄比亚有了用武之地。埃塞俄比亚的新人多，许多人都没有做过大项目。在尹玉昆的建议下，代表处把维护客户关系和项目运作的经验加以总结，在日常工作中例行传承。面对新的竞争形势，尹玉昆针对性地组织了红蓝军对抗、模拟演练等工作，提高实战的成功率。齐心协力之下，尹玉昆和团队不仅完成了华为下达的指标，还获得了更大的市场份额。

整体而言，能上能下就是让干部"涅槃"。华为认为，有向死而生的勇气，才能担大任，做大事。因此，能上能下既是华为保持活力的法则，还是华为锻炼人才的途径。

第三节 决策25："将军"要带头打仗

中国俗语有言：兵怂怂一个，将怂怂一窝。一场战役的胜负很大程度上取决于其将军带兵打仗的能力。任正非曾说过："华为的成功，从很大意义上讲就是人力资源的成功。"但他也直言："目前我们不缺'兵'，不缺专家，我们什么'兵'、什么专家都有，就缺能'带兵'打仗的'将军'。华为管理者的能力还远远不够高。"

华为在迅速腾飞的同时，一直在干部培养方面很下心思。事实上，回顾华为的成功，其中非常重要的一点在于，它拥有着一支高素质、高凝聚力的干部职工队伍。

"将军"选拔标准

经过长期摸索，华为建立起一套自上而下且适应各个不同体系的干部选拔标准,来满足不同层级、不同部门对合适领导者的需求,从而保证公司管理体制更趋完善。为保考察过程公正客观,华为禁止民主推荐,拒绝竞聘上岗,而是从内部人才储备中通过制度来进行干部的选拔。得益于成熟的干部选拔标准,企业在2013年凝练出4项如下核心内容。而这4项内容也是干部选拔过程中的关键标准。

第一,核心价值观是基础。企业文化是一个公司内部保持不竭生命力的根本保证。随着华为在全球战略部署的日益扩大,公司体量早已不是曾经的作坊式作业,员工数量激增,管理难度突显,因此任命一批高度认同企业价值的领导者显得至关重要。华为的核心发展理念主要体现在四个方面:以客户为中心、以奋斗者为本、长期坚持艰苦奋斗,坚持自我批判。对核心价值观的认同是干部任用的基础,主要通过上述四个方面进行考核。

第二,品德和作风是资格底线。华为极其重视员工的良好品德和做事的优良作风,其程度甚至排在一个人的才华之上。尤其作为干部,更要具备必要的道德操守,实事求是、客观严谨都是基本要求。另外,干部也要对公司的事业充满热忱和使命感,并将其纳入选拔考核的标准之中。

第三,绩效是分水岭。在华为要么把绩效干出来,要么就在板凳上坐着。入职之后,华为只看员工是否对公司有所贡献,能否把业务真正地做起来。比如华为著名的赛马文化,是指一旦加入华为,所有人便站在同一起跑线,过去的学历、经验通通化整为零,一切从头开始。因此这就像一齐开跑的

第六章

激 活

马群,奔跑途中,必会有跑的最快的一个。而在华为内部也有消息称"只有绩效前25%的人才可以参与选拔干部",绩效便成了众人的分水岭。而这里提到的绩效主要指是否对客户产生贡献,只有产生贡献才算真正的绩效。同时,过程的努力不重要,只承认最后的结果。

第四,能力和经验是关键成功要素。能力支撑持续高绩效的行为,而经验是成功之前的实践。

凭此标准,华为会通过层层考核从众多干部申请者中选拔出高潜力、经验丰富的优秀干部,然后输运到整个公司的不同体系。

让有能力的人去轮岗

华为在对干部的培养方面提出了经典的"之字形"的管理策略。任正非对于干部曾说过这样一句话,"干部和人才不流动就会出现板结,会让机关和现场脱节,华为迟早会分裂"。因此,华为的干部在经过多道基层实践的检验后,会直接进入培训和实战相结合的赋能培训阶段。这期间,他们需要流动性地在不同的岗位任职,接触多个部门的不同工作内容,即进行循环轮换,以达到培养复合型人才的目的。这也是"之字形"企业管理办法的内容。

不管是企业发展,还是人才培养,都不是能一劳永逸的事情。任正非认为,只有走好了"之字形",公司才能更好、更蓄能地发展。就像登山，所有的高峰都不能直接登顶，只有经过艰难攀登或者在曲折蜿蜒的环山公路驾车行驶，绕过九弯十八拐，才能到达顶峰。企业发展也是一样，只有经过循序渐进的变革，培养出全方位成长的员工，这样才能构成一个强大且具有竞争力的企业。

所以，华为对于内部人才流动一直持鼓励的态度，并面向员工开放有全部内部岗位的机会。根据数据，每年有超过1万名的员工，在各大业务部门之间转岗流动，同时，包括运营商业务（CNBG）、终端业务（CBG）等在内很多业务部门也都从中获益，它们通过任职流动获取所需人才。这其中，既有员工根据本人意愿自主发起的流动，也有在尊重员工个人意愿基础上由部门间协商推荐的流动。华为也将基于业务战略导向和员工发展诉求，坚持可持续的内部人才流动。

华为倡导干部多岗位流动，一般来说，一个干部每三年就要进行一次岗位调整。而且"之字形"的管理策略要求复合化发展，比如研发的干部要去市场供应链、采购等多部门历练。经过这些全方位的深刻感受，这些干部将培养起综合的管理素质，并对业务以及端到端流程的理解也会更加深刻。

其中，华为的干部流动必须跨部门，坚决不允许他们只在某个部门或者系统里循环。尤其对于中高级的干部，华为会从公司的整体层面进行统一管理，以保证这些干部实现跨领域、跨体系的综合调配。比如华为最早有一个"601干部"清单，在这个岗位清单之内的所有干部，都由公司统一进行岗位调任。

第 六 章
激 活

至于为何是3年之期，主要有两个原因。首先，华为经过高速发展，员工数量有了大幅度翻升，再加上新人中大部分都是应届毕业生，没有经过磨合和了解，很难明确具体人员最适宜的岗位，因此"轮岗制"便可以尽快提供试错机会，以达到各得其所的最终目的。其次，华为的管理者没有经过具体的实践和体会，很难在部门与部门、人与人之间出现信息交流和互相协同等时，给出行之有效的解决方案，而"轮岗制"正是解决这个弊端的良药。

"轮岗制"除平级轮岗外，又包含晋升轮岗和降级轮岗两种。无论晋升还是降级，在最开始都经历了较长时间的磨合期。目前，这看似残酷的轮岗制度在时间的证明下，早已成为华为培养后备人才行之有效的途径之一。

总之，华为实行轮岗制的目的，一是为了培养人才，让各部门能够紧密相连，相互配合，减少一些不必要的摩擦，以及尽可能缩减沟通时间等企业成本。二是能够控制风险。当员工在某一岗位任职时间较长时，往往容易培养出一些私有势力，出现占山为王的情况。这些情况都不利于企业发展，严重时还会对企业利益造成巨大损失。三是淘汰落后职工。轮岗的过程也是员工们不断寻找适合自己岗位的过程，如果有员工在轮岗期间，出现各岗位都不适应的情况，则说明不是华为所需要的人才。就以之前员工等级评估体系为例，经过轮岗之后，排名在D等级的员工将会被淘汰。

经过30年的持续演进，现在华为的轮岗机制已属常态化在内部运行。这样"能上能下能左能右"的机制，也为华为

华 为 兵 法：
华 为 战 役 的 2 6 个 决 策

的人才管理增添了很多活力,对于华为克服"大企业病"起到了一定的积极作用。

华为的干部一定也只会来自基层

战国时期,思想家韩非子曾有一句名言,"宰相必取于州郡,猛将必发于卒伍。"两千年后,这条关于人才的重要观点成了华为的任职标准。

20世纪90年代,随着市场不断扩大,华为迎来了突飞猛进的发展。巨大竞争面前,华为迫切需要大量优秀人才。为了将管理层的实力水平带上一个新的台阶,华为从哈佛大学高薪招聘回几个博士。让他们作为"空降兵",来协助共同管理公司。

但他们的到来却并没有达到预期的效果。因为这些博士虽身怀丰富的理论知识,但他们提出的管理方案,却在实践中和华为格格不入。最后,不仅公司没有得到明显改进,博士们的才能也没有充分发挥出来,双方都得不偿失。此后,任正非意识到,经验和能力同样重要,都是干部必备的素质。即便不具备这些素质的人当上了领导,也无法得到下属的尊重和服从,而这种素质只能通过实践培养。

在这之后,华为决定不再贸然外聘员工来担任管理职位,一切干部都必须从基层做起。每一批新员工被招进来后,无论对方是海归博士还是毕业于名校的高材生,都会被安排到基层工作岗位上,一律从最基础的工作干起。干部的基层经历备受重视,还因为这与其以客户为中心的价值理念紧密相关。一个企业,最接近客户、最能听见客户诉求的人,一定是来自基层的人。为了让所有干部员工都能牢固树立为客户服务的理念,华为一切业务和管理都紧紧围绕这一理念运转。

任正非在《在实践中培养和选拔干部》中提道:"凡是没有基层管理经验,没有当过工人的,没有当过基层秘书和普通业务员的一律不能提拔为干部。"他不断强调基层锻炼的重要性,例如"真正的英雄,都是从本职工作成长起来的,在本职工作中展现出自己的才华,不能刻意塑造将军。你们经过培训,掌握了工具,但要通过创造价值,不断提高自己的能力和贡献,才会逐渐承认你们,我们才会给你们去'诺曼底登陆'的机会,死了就是英雄,不死就是将军!"

只有经过基层打磨过的人,才是真正了解具体工作的人。而这样的员工才可以成长为一个合格的干部,才能领导一个小组、一个部门乃至一个公司。华为干部级别的高低与经验丰富度呈正比,级别越高,对于工作经验的要求也就越多。这样的理念被落实到了机制中。

按要求,华为的基层干部(即三级管理者)须具备3年以上该专业/技术工作基层工作的经验,并在这一部门的副职上工作半年以上,另外还要至少管理过同一类专业/技术人员。

高级干部(即五级管理者)须有7年以上相关工作经验,并且要求至少担任过华为主要业务部门或相关职能部门负责人2年以上的工作经验。并且曾参与管理多种业务,有跨部

华 为 兵 法:
华 为 战 役 的 2 6 个 决 策

门工作的经验。除此之外，还要曾管理过包括管理者、技术/专业人员、操作人员等在内的各类人员的工作经验。

在能力方面，级别不同，对干部的要求也有所差异。比如对基层干部，要求具备一定执行力，能够快速落实领导指示；对其上面的中层干部，则要具备理解力，充分理解领导意愿并准确部署下一步工作；对高级干部的要求更强，除果断的决策力外，还须具备人际连接力，能够在杀伐决断的同时有凝聚人心的能力。

华为大多数中高层干部在早期都从事市场销售相关的工作，剩余的中高层干部也从事或参与过研发相关的工作。比如华为现任副董事长、轮值CEO之一的郭平，曾经先后参与乃至主导HJD48交换机、C&C08交换机等产品的研发；华为现任监事会主席李杰，对国内外的销售市场都有一定的话语权，因为他曾既负责过国内湖南地区的市场销售，也负责过国外俄罗斯地区的市场销售。华为前副总裁张建国，最开始便在华为负责福建地区的销售工作，每天开着车奔波于各乡、镇之间，才能在后来在做全国业务时做到心中有数。

华为的将军需要从基层打出来，因此在建设干部团队时，没有"培养"，只有"选拔"。如果通过"钦定""任命"等手段组建队伍，很容易变成一盘散沙，没有作战能力。只有经受住枪林弹雨的考验，才能真正成长为一名合格的将军。轮值CEO徐直军曾解释道："为什么打仗的时候最容易选拔干部？因为战争是残酷的，首先你要自己没死，你没死就意味着你带领的队伍打了胜仗，打了败仗你自己就被围掉了，你

第 六 章
激 活

也就起不来了。"只有上过战场打胜仗的人，才有晋升的机会。而且不光"将军"升，手底下的"兵"也跟着升，这样才能带动所有成员的积极性。按照这样的机制，华为建立起稳固的、有战斗力的队伍。

除了要求干部要来自基层外，华为还提出干部要能随时再进入基层。2012年7月27日，任正非在EMT办公例会上提出，对那些缺少基层实践经验的干部，要"回炉"改造，派遣他们去一些小项目中补充缺失的基层经验，在完成之后进行一个评价，如果做得好，就算补了课，可以恢复原职，如果没有做好，则继续放在基层锻炼。

干部要到艰苦的地方去

21世纪初，华为在全球化进程中，为快速打开中东、非洲等艰苦地区市场，呼吁更多人才"出海"，提出"干部要到艰苦地方去"的口号。为了鼓励员工主动前往艰苦的地方工作，华为对海外员工给予了高额的薪资报酬，以及优先晋升的机会。一方面，企业以晋升为回报，激励员工前往艰苦地区锻炼自己；另一方面，华为认为只有经历过艰难困苦的人，才有资格带领团队冲锋陷阵。

古语有云："天将降大任于斯人也，必先苦其心志，劳其筋骨，饿其体肤，空乏其身，行拂乱其所为，所以动心忍性，增益其所不能。"大苦大难成就英雄豪杰，这是一个放之四海而皆准的人才成长规律。因此,企业最好的选才方式之一,就是看他们能否在艰苦的环境中依然有好的表现。能够"爬雪山、过草地"的人才,方能担当大任。这其中对意志力、使命感以及对企业文化认同度,都能得到淋漓尽致的展现。

华为在要求干部经验丰富的同时,也崇尚"狼性精神"。通过打造出一支强有力的、英勇善战的、不畏艰苦的战斗队伍,从而让华为成为一只能打仗的战狼。为此,任正非想方设法找机会培养带兵人才。早在2006年,他就提出要在艰苦地区作战的队伍组织中,设立一部分具有明确责任的副职,用于观察和培养,作为将来干部的预备队。此外,任正非还刻意地将各部门优秀的员工,派遣到艰苦地区去磨炼,"今天我们同时将各部门一些优秀的苗子,放到最艰苦地区、最艰苦岗位去磨炼意志,放到最复杂、最困难的环境,锻炼他们的能力,促进他们的成长,加强组织的选拔。想当将军的人必须走这条路,这就是我们组建这个队伍的目的。"

2007年,刘飞正式入职华为,成为研发部门的一员。在两年按部就班的研发生活中,他逐渐丧失对工作的热情,变得消极怠工。为了改变现状,重新找回当初加入华为的激情,他主动提出想要前往非洲的一线市场历练。知道他这一意愿的领导没有阻拦,反而赞赏了他愿意走出舒适圈的勇气,并积极安排他前往西非科特迪瓦的事宜。

那时,华为在西非的业务刚刚开始,业务一筹莫展,刘飞面临着铺天盖地的压力。他每天处于严重的焦虑之中,既担心客户投诉、取消项目,又担心内部资源不支持,经常彻

第六章
激 活

夜难眠，多了不少白发。但既然主动调任到这儿，他就得坚持下去。

他和他的团队，积极联系客户，宣传华为产品，一路披荆斩棘，为华为拿下了一批又一批的订单。在这样的环境中，刘飞成长了许多，他从一个在机场都会紧张的人，已成长为一名遇事从容、处事不惊的商场老手。而这些进步华为也看在眼里，后来将更多新人交付给他。对此，他自己无比感谢华为对他的信任，也曾鼓励更多年轻人来到华为，"这里有'战士'们最渴望的战场，如果你也不甘平淡、希望勇往直前，那别犹豫，这里一定是你的乐土。"和刘飞一样，华为里还有很多这样勇往直前的员工，他们其中的大多数现在都已是优秀的干部领导。

第四节 决策26：会研发也要会经商

任正非曾在2010年PSST（研发）体系干部大会上表示："我希望大家不仅仅做工程师，还要做商人，多一些商人的味道。这个世界需要的不一定是多么先进的技术，而是真正满足客户需求的产品和服务，而且客户需求中大多是最简单的功能。"

华为提倡研发人员要做工程商人，作为工程师，不能仅仅把技术做好来作为体现自我价值的标准，而应该改变思维方式，要做工程商人，在研发中要多带一点商人的味道。

华 为 兵 法：
华 为 战 役 的 2 6 个 决 策

商人的味道，那就不能只顾着开发产品，只讲求技术的卓越，却对客户需求不屑一顾。以商人出发，就得把客户放在首位，从客户需求出发来规划和开发产品，过于超前的、不能满足客户当下需求的技术就不适合开发。

研发以卖掉产品为目标

一款值得开发的产品，一定要能满足客户需求，解决用户面临的某种问题。对于企业来说，能把东西卖出去，企业才能一直活下去。

初期的华为研发人员，就缺乏这方面的认识。研发工程师以技术为上，不注重市场。而市场部所能提供的资料也十分零星、散乱，没有形成完整的架构，因此对研发的支持力度有限。这些现实状况导致研发项目组对市场的认识非常模糊，既不预测市场规模，更不了解市场需求。

任正非曾分析说："简简单单地把东西做好，在研发中也许评价是不高的，而把事情做得复杂，显得难度很大，得到的评价反而很高。简单的东西大家不喜欢，这就是因为做事出发点是以技术导向，而不是以客户需求导向。"他强调华为要以"客户为中心"，以满足客户需求为向导。

做产品，是客户挑产品，而不是产品挑客户。面对市场上各种各样的客户，不能要求每一位客户都对通信知识有充分的了解，如果客户在买了产品以后没法管理，注定没有生命力。

能经受得住市场考验的产品，一定是经受住了用户考验的产品。用户明确需要的和那些尚未被挖掘的需求，都要在产品研发中纳入调查和考虑。不过，引领市场的产品不需要多高端，也不需要标新立异，只需要设计合理，解决用户需求。客户要把产品用在多雷电的地方，那就设计能抗雷击的产品；客户要把产品用在高温环境中，那就设计能抗高温的产品……产品就是战士，能经受得住用户的长枪短炮，才是好产品。

验证产品好坏有一个重要指标，即商业化程度。曾经华为一位产品经理总结过，华为卖得好的产品，都是"怪胎"。所谓"怪"，也就是说华为根据市场需求研发出的产品和其他同类产品不同，有自己的个性特征。如果产品仅仅根据标准协议，或者市场上有什么就做什么，那除了拼降成本，拼价格低，没有任何优势。

华为为了改变研发人员不注重客户需求的毛病，还做过很多努力。

2010年，华为无线产品在高端市场大规模部署，客户需求日益复杂。为了更加有效地识别客户需求，2010年秋，无线GU团队向客户发出了正式邀请，110多名客户赴约上海参加华为举办的用户大会。

用户与无线研发团队面对面交流，华为诚恳地请客户指出华为产品和服务存在的问题，总结出了第一期华为无线Top N，确定改进目标和相关负责人。2011年，第二届用户大会上，上一年的Top N问题改进全部合格，产品和服务与之前相比进步了一大截。

通过用户大会，华为研发体系不仅得到持续进步，还能构建华为与客户之间的交流沟通平台，无形中增加了客户对华为产品的满意度。更重要的是，让客户看到了华为为了接受客户意见所做的努力，为了提升产品和服务质量的执着。

回顾华为三十年的发展史，在需要"活下去"的时期，是以客户需求为导向这一战略基调赋予了企业"活下去"的动力。不做闭门造车的科学家，要做聆听市场声音的工程商人，听取客户意见，不断创新产品、优化产品，其目的也就是为了加速技术商业化，争取更多的市场份额和更多的营收来支持华为做大做强。不管是销售、运维，还是研发，甚至后勤系统，以客户需求为导向始终贯彻在企业发展中，为华为发展指明方向。

凡是产品的事，就是研发的事

产品问世那一刻，研发人员的工作并没有结束。工程商人的思维，应该是把自己定位到更高的高度上去，比如说站在一个全流程的角度，将产品从头到尾都视为自己的责任，产品全流程中涉及的任何人，都定位为自己的客户。这样，在研发时也就能够在全面思考问题。112是华为在20世纪90年代众多产品中体量非常小的一个项目，起初参与研发的人不过两三位，经过扩充也不过十人，但产品却在推向市场后，短短数月便占据全国同类产品市场销售份额的59%。其成果得益于研发人员将112项目从"产品开发"转为"商品开发",从找市场开始,一直到开发、中试、生产、营销、开局、维护及技术支援,做到全流程优化产品。将工作落实到流程中的每一个地方,每一个人。

项目过程中,112产品的开发人员参与了整个流程。在测试阶段,研发部门内部新成立了一个测试项目组,专门负责112产品的测试工作,协助开发人员发现问题、解决问题,并将测试工作当成产品日常工作来抓。另外,还制定了详细的内部流程,对测试过程中发现的问题和市场反馈的问题进行持续跟踪,确保问题最终解决。

在开局阶段,成立稳定项目组,专门处理产品进入市场初期问题较多的情况。集中几乎全部开发人员花了一个月时间解决测试中发现的问题,以及市场反馈的问题,终于拿出一个稳定的产品版本。

在产品维护阶段,成立维护组,为开局人员做好技术支持。这项工作由112项目组开发人员负责。之后一年,该成员还代管用服中心技术支援部,直到产品彻底稳定下来。

112项目组为了追求产稳定,可以说是全程参与。从前期产品筹划,到中期产品面市,再到后期产品维护的整个流程,真正做到了凡是产品的事,都是研发的事。靠着对产品的坚持,把质量上稳定、可靠的商品推向了市场,最终获得成功。

这些道理很多人都知道,很多公司在产品研发中也使用过类似的办法,但是却很少能做到像112项目组这样,真正把

华 为 兵 法:
华 为 战 役 的 2 6 个 决 策

方法精准落到实处。毕竟把别的部门的事当自己的事干,就是在给自己找事干,无形之中加大了不少工作量。但只有这种全流程的参与,才更能协调产品研发中因为对市场反馈不及时、部门壁垒、互相推诿责任等情况所造成的问题,对产品的理解才能更深刻,为产品更早上市创造了有利条件。

要做到凡是产品的事,都是研发的事,对于研发人员来说,还有一点要求,那就是把其他所有人都当成是自己的客户。任何人提出的意见、需求、建议都应该给予重视,因为这很有可能就是用户会提出的问题。与其首先抵触,为现行做法不断辩护,还不如先接纳,想办法完善产品。如果发现有值得改进的地方,就要从思想上做足对产品进行劳动改造的准备。

把所有人都当成自己的客户,意味着要和各方面的人打交道,所以心态一定要开放,心胸要宽广。既要充分表达自己的想法,还要注意倾听,对于不同的意见甚至是一些有批评和攻击的意见也要能够正确处理。

技术研发需要得到全流程人员的支持。因此,在做决策之前,必须把工作做细。不仅要研究每一个重点技术的细节,质量、成本、技术指标先进性、开发计划匹配度、平台性和可演进性等因素,还要把握好重点,这样才能做好技术判断和权衡。

做到把所有人都当成自己的客户,就是把自己摆在了一个工程商人的正确位置。这样才能更好地听取意见,更好地开发、升级产品。开发出来的产品也更能适应市场,适应客户需求。

第 六 章

激 活

研发的成本思维

商人做生意，首先要考虑的就是投入产出比。怎样把成本做小，把利润空间做大，是其最关心的问题。对于技术革新，也要站在企业经营的角度去判断。但技术开发人员常常陷入只关心技术，而不关心研发成本控制、可否大量复制等问题，时常造成资源浪费、效率低下、技术商业化进度缓慢。如果能让研发人员在产品开发阶段，就能融入商人的思维模式，那么产品的价值能够尽早地被市场认可。

作为工业化的产品，符合市场审美观，能够大批量复制是其市场竞争的关键属性。研发人员对产品负责，就得定位好工程商人这一角色。华为首批FELLOW（华为最高级别技术专家）之一的白聿生博士是波分领域的专家，他带头把工程商人这个角色，做到了极致。

这位在专业领域非常有建树的专家很接地气。在初入华为时，他对华为的运作系统还不是十分了解。但依靠自身超强的商业敏感度，他就已经在思考投入产出的问题。例如，如何用性价比最优的器件来实现最高端的性能；如何以最小成本实现客户需求；如何用低成本的零件实现高的利润。产品商用之后，白博士会主动了解市场反应。在承担欧洲、南美等多种制式的旧光纤优化工作中，他将华为系统在各类光纤上的传输性能提高了一大截。

2002年，在白博士的主导下，华为推出性能优异的波分产品——Super WDM。该产品的器件采用了当时市场运用最广泛的2.5G、5G,它们性能可靠,能使光纤传输最远、单跨传输最长,并且适用于各种低端的光纤。这样高性能产品实现了低成本化,工程实施更加简单,维护更方便,给客户创造了极大的价值。在白博士看来,技术目的是为了解决产品的问题,如果技术不能创造商业价值,即使他再先进,对企业来说也毫无意义。

  2008年,随着电信领域的迅猛发展,10G技术成为过去式。面对未知的40G技术,白博士分析认为,虽然行业大多都在做相干技术,且相干技术比模拟技术强,但市面上的相干技术在40G上的使用还存在很多问题。因此,从商人的角度出发,无论是成本、发展趋势、利润空间还是产品链的成熟度来看,选择虽然稍显弱势的模拟技术都更为明智。因此,在白博士的建议下,华为选择了40G eDQPSK技术。

  事实证明,这一决策是正确的。作为40G技术的唯一使用者,华为一举攻占了全球44%的市场,一举占据了除美国外的所有市场,成功实现弯道超车。

第六章

激 活

华为兵法:
华为战役的
26个决策

HUAWEI

后记

描述现代企业之间的商业竞争,往往存在一个专有名词——"商战"。有人把商业比作和平年代没有硝烟的战争,因为它们都讲究排兵布阵,都看重运筹帷幄。可商业竞争和军事战争存在本质上的区别,商业的终极目的是创造价值,以能否赢得客户作为胜负评判标准;而军事战争的目的更为残酷,往往只有歼灭敌人、存活自己才能称得上获胜。既然存在区别,那么:

兵之法,能否用之于商?

商之道,能否称之为兵?

《史记·货殖列传》曾记载过一位春秋末年的知名军事家、政治家、商人——范蠡。他善用兵法,在吴越之争中常年辅佐勾践,为其出谋划策。曾献计越王"卧薪尝胆",助其兴越灭吴,被越王拜为上将军。后功成名就选择退隐,更名改姓来到齐地经商,短短几年便积累了万贯家财。因不愿担任齐国宰相,遂散尽其财,举家搬迁至陶地。到达陶地后,范蠡白手起家再次经商,用更短的时间收获了更多的财富,因此民间也将其奉称为"商圣"。

范蠡能轻易做到多次"治产积居",和他熟读兵法并能将其灵活应用有直接关系。《孙子兵法·势篇》有云:"善战者,求之于势,不责于人,故能择人而任势。"强调借助外势来获取胜利。范蠡融会贯通,提出了"与时逐而不责于人""择人而任时"的经商准则:齐国临海,他便"围海煮盐,捕鱼养殖";陶地人口稠密、商业往来频繁,他便薄利多销,积累口碑,借助"外势"才有了之后的"货殖"。天下的道理殊途同

华为兵法:
华为战役的26个决策

归,范蠡的案例证明了兵法商用可能性。

读完本书后,华为的商道能否称之为兵法,想必各位读者已早有评判。

考拉看看头部企业研究中心长期对国内优质企业保持高度关注,其中华为是我们眼中最为低调的一家企业。创始人任正非先生在媒体前公开露面的次数屈指可数,其他高管更是少之又少。但华为的产品和服务早已渗透到我们的生活之中,小到智能芯片,大到通信基站,如今的华为无愧于"中华有为"的称号。这本《华为兵法》,便是我们整个团队对华为这样一家优秀的民族企业做出的致敬。

希望更多的企业,能在阅读过后有所收获。当然,华为的战略决策并非适用所有人、所有企业,其成功具有一定的特殊性和不可复制性。如果能在阅读本书的过程中,能对读者有任何企业经验或企业管理上的启迪,那对于我们团队来说都是荣幸之至。

在此,考拉看看头部企业研究中心向各方支持者表示由衷的感谢。同时,在写作过程中参阅的任何资料,我们尽可能地通过脚注或尾注等形式标明了出处,若依然存在疏漏之处还望指正。

最后,希望本书能够对您有所帮助。

考拉看看

后 记